# 岡本太郎

## 芸術という生き方

平野暁臣・文

伝記を読もう

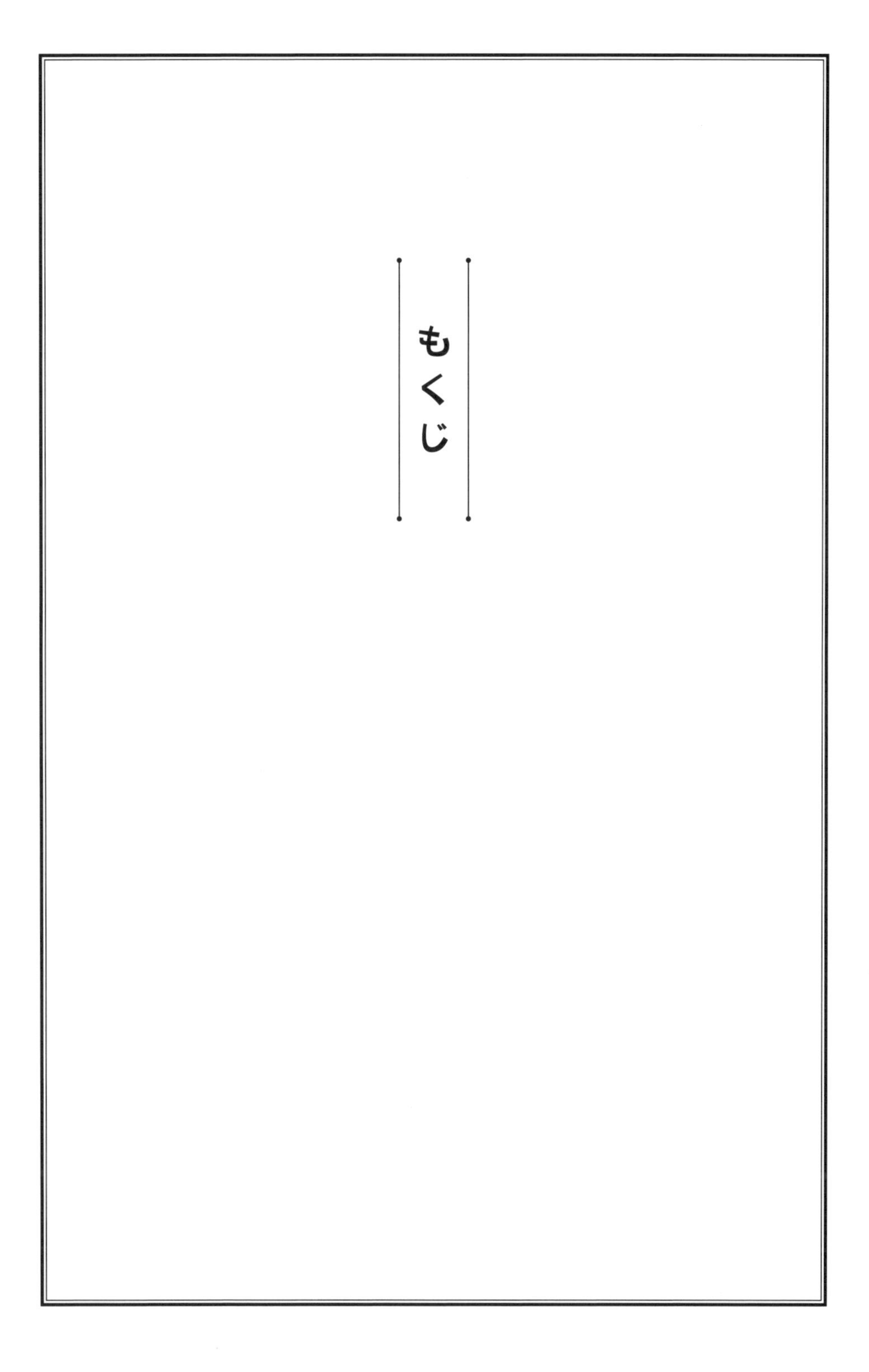

# もくじ

# はじめに

日本でもっとも知られた芸術作品はなにか？

こう問われたら、ぼくなら迷わず『太陽の塔』と答えます。まるで太古からそこにあったかのようにヌッと立ち、三つの顔で周囲をにらむ不思議な姿は、一度見たら忘れることができません。みなさんのなかにもきっと知っている人がいることでしょう。

東京・渋谷駅の『明日の神話』を観たことがある人はいませんか？　幅三十メートルの大壁画です。画面全体をつらぬいて走る真っ赤な炎、にげまどう生きものたち、そして中央には燃えあがる骸骨。こちらも一度見たら忘れられない強烈な絵です。

ともに日本最大級にして最重要作。このふたつを産み落とした芸術家が岡本太郎です。

一九一一年に生まれ、一九九六年に没するまで、権威と闘い、常識と闘い、自分自身と闘いつづけた太郎は、〝岡本太郎〟という生き方をつらぬいて生きた人でした。取って代わる人はもちろん、比べる人さえいないケタ外れの芸術家。まさに存在そのものが奇跡だったと思います。

十八歳でパリにわたり、二十世紀の新しい芸術運動にむかえられた美術のエリートでありながら、民族学に没頭したり、縄文の美を発見したり、日本の源流をさがしに全国を旅したり……。その発想と行動は一般の美術作家とはまったくちがうものでした。

波乱に満ちた太郎の人生は闘いの歴史です。師もなく、前例もなく、勝ち目もない。そんな孤独な状況を自ら背負い、太郎は最期までひとりで闘いました。

そんな男の冒険の物語を、いっしょにたどってみませんか？

# 一　ひとりぼっちの闘い

「お母さん！　お母さん！」
幼い太郎がワンワン泣きながら、母・かの子に一生けんめい呼びかけています。それなのに、かの子は背中を向けたまま。知らん顔で、見向きもしません。机にむかって一心不乱に本を読んだり、短冊に筆を走らせたりしています。

かの子は著名な歌人でした。かまって欲しい太郎が仕事のじゃまになると、小さいからだを兵児帯でしばり、はしっこを柱に結わえてしまうのです。紐の範囲しか動けない太郎は、まるでリードにつながれた犬ころのようでした。

こどもは放ったらかし。家事も育児もまるでダメ。あんな〝子不孝〟の母親はいないよ。

「オレは母親というものをもった覚えはないね。あんな〝子不孝〟の母親はいないよ。」

のちに太郎は笑いながらそう言いました。おこったり、うらんだりしていたわけではありません。むしろおもしろがって、愛おしんでいる。良妻賢母とはほど遠い母親でしたが、太郎は幼心に共感していたのです。

「しばられて、つらくて、悲しくて…。ギャンギャン泣きわめきながら、みじんも動かない母の後ろ姿に、なにか神聖なものを感じたんだ。ぼくは、かの子と強い一体感で結ばれていたんだよ。」

いっぽう父の一平は、世の中の出来事を描いた絵に文章を書きそえた「漫画漫文」という独自の作風で人気を博した漫画家です。

「総理大臣の名は知らずとも、岡本一平の名を知らぬ者はいない。」

人々がそうほめたたえるほど、絶大な人気をほこっていました。

しかし一平もまた、優等生とは言いがたい父親でした。収入が増えると放蕩がはじまり、金をすべて酒と遊びにつぎこんだあげく、家にも帰ってこない。やがて電気を止められ、米も買えなくなるほど生活に困ります。かの子は孤独に苦しみ、精神的に追いつめられていきました。

「あぁ、いまにふたりでパリに行きましょうね。シャンゼリゼで馬車に乗りましょうね……」

幼い太郎をだいたかの子は、うつろな目で、いつもうわごとのようにつぶやいていました。

ふつうの家族とはまるでちがう家庭環境のなか、両親から「タゴシ（＝太郎氏）」と呼ばれて育った太郎は、物心がついたときから、独立した「ひとりの人間」でした。一平・かの子が徹底して対等な人間同士として接したからです。

青山の自宅前に立つ太郎、一平、かの子（1920年代）

『漱石八態』岡本一平
夏目漱石の表情を生き生きと描写している。

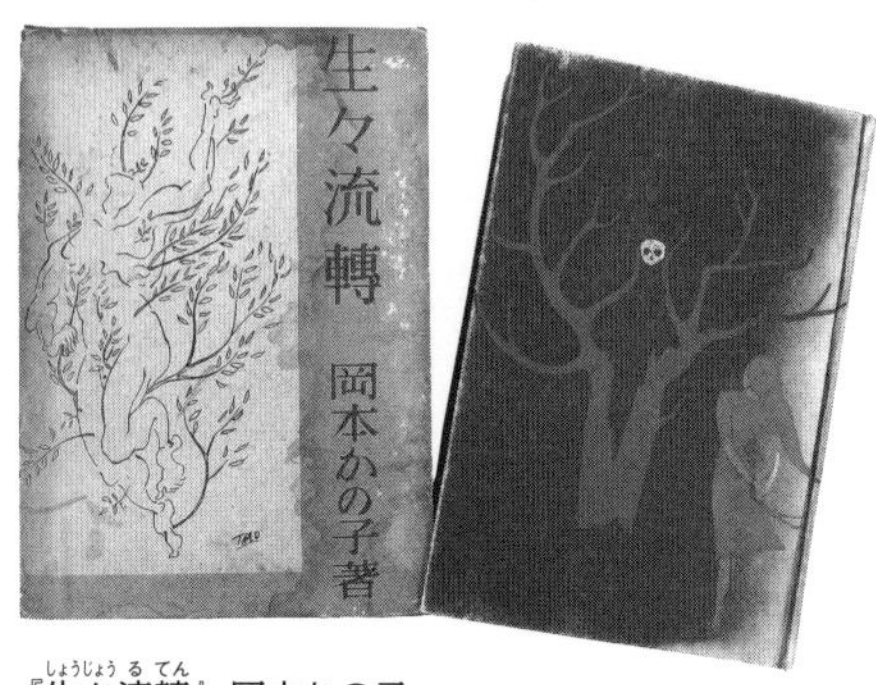


『生々流轉』岡本かの子
かの子の小説の装丁を太郎が手がけた。

一平と太郎が芸術論をたたかわせたり、かの子が自分のなやみを太郎にぶつけたり……。三人は独立した存在として尊重しあい、たがいに芸術家として認めあっていました。もちろん「こどものくせに！」なんて言われたことは一度もありません。

一平・かの子・太郎は、「親子」である前に、生まれたときから対等な関係の「芸術家同士」であり、「人間同士」だったのです。

もちろん世間では、年端もいかぬこどもにそんな接し方をする大人はいません。それどころか、当時は個人の自由より上下の人間関係を重んじ、上の者が下の者に服従を強いる封建的な世の中でした。

小学校に上がり、「社会」とはじめてかかわったときから、太郎の苦難がはじまりました。

一九一七（大正六）年、太郎は青山の青南小学校に入学します。

「お前たちのなかで、一、二、三の数字が書ける者はいるか？」

ある日、担任の先生がそう質問しました。

だれも手を挙げません。当時は学校に上がる前に読み書きなど習わないので、こどもたちは字を知らなかったからです。でも、すでに本も読んでいた太郎にはお安いご用でした。

「ハイッ！」

元気よく手を挙げる太郎に、先生はけげんな顔をしています。

「ほんとうに書けるんだな？　だったら、出てきて書いてみろ！」

黒板の前に進んだ太郎が一、二、三……、そして四を書き終えたとき
「ほうら、ちがうじゃないか！」

と、勝ち誇ったような怒鳴り声が教室にひびきました。

「お前は〝口〟を最初に書いてから〝儿〟を入れた。順番がちがう！　見ろ、書けもしないくせに！　席にもどれ！」

まるで悪いことをしたかのように責めたてます。

「ちゃんと正しい形が書けている。もし順番がちがっていたとしても、それだけをやさしく注意すれば済むことじゃないか！」

そう思った太郎は、頭ごなしに罵倒する先生をキッとにらみつけました。いかりがこみあげてきます。でも、こどもの太郎にできることといえば、ぐっとにらみつけることだけ。

この一件で先生を信じられなくなった太郎は、学校にあまり行かなくなり、けっきょく一学期で学校をやめてしまいます。

別の学校に移ったあとも、周囲に調子をあわせられない太郎は年上のこどもたちからいじめられ、ふたたび転校します。

三つ目の学校の先生の言うことは、さらに理不尽でした。

「お前たちは親不孝をしているだろう。前に出てきて謝れ！」

ムチでピシピシと教卓をたたきながら、生徒たちをどなりつけるのです。

するとみんなぞろぞろと出ていって、教壇に向かって頭を下げる。

太郎はゆるせませんでした。

「もし親不孝だったとしても、親に謝るのならまだわかる。でも、なんで関係のない先生に謝らなければいけないんだ！」

太郎はけっして前に出ず、先生をにらみつけます。

「いばっているだけならまだいい。相手がこどもだと思ってごまかすんだ。そのいやしさがゆるせなかったんだよ。」

大人になってから当時をふり返った太郎は、こう言いました。

こどもたちはみな、波風が立たないよう、損をしないようにと計算しながら、〝いい子〟を演じています。でも太郎は、おかしいこと、理不尽なことを受け入れることができない。結果、周囲になじめず、いじめられ、居場所をなくしてしまうのです。

小学校一年のおわりに三回目の転校をしました。そこでも理不尽な暴力が待っていました。ガキ大将がなにを言っても太郎は言うことを聞かないし、態度も変えません。すると子分たちがなぐりにやって来る。いつもひとりで闘うしかありませんでした。

「ぼくは、いつもガキ大将相手に、たったひとりで闘ったんだ。ひとりぼっちのガキ大将だった。子分はひとりもいない。だがガキ大将より顔がふくらんで、そして血だらけになっていた。」

大人になってからも、太郎は変わらずこのままでした。わき目をふらず、目指すところにまっすぐつき進む。つらそうだからやめておこうとか、こうした方が楽だとかは考えない。自分はこれをやりたい、やる、そう決めたら、損得や苦楽を考えずに、とにかくやりぬく。それが太郎の選んだ「岡本太郎」という生き方です。

「ひとはなんのために生まれてくるのか。なぜ生きているのか。闘うためだよ。」

「信念のためには、たとえ敗れるとわかっていても、自分をつらぬく。

そういう精神の尊さがなくてなにが人間か、とぼくは言いたい。」

「負けた者こそバンザーイと胸を張ってにっこりする、これだよ。」

すべて太郎の言葉です。

痛くて泣いても、やめない。幼いときから太郎がそうしてきたのは、けっして強いからじゃありません。そう生きると決めたからです。

勝とうが負けようが、信念をつらぬく。

太郎はそれを〝生き方のスジ〟と呼びました。

「人間は、だれでも、生きている以上はつらぬくべきスジがある。」

そんな使い方です。

自分の生き方は自分で決める。周りがなんと言おうと、どんなに誤解され、批判を受けようと、自分の道をまっすぐに進む。生き方のスジをつらぬいて生きる。

この人生観は、芸術家の両親が彼らの人生でやりぬいたことです。ふたりとともに生きた太郎は、それをこころの奥深くに刻みました。

太郎は、漫画家の一平から絵の手ほどきを受けたわけではないし、歌人のかの子から文章の書き方を教わったわけでもありません。太郎がたったひとつ受けついだもの、それは「生き方」でした。

自分をつらぬいて生きる。

岡本太郎は幼いときから、それをきたえられながら育っていったのです。

# 二 パリでの苦悩

「さよなら、日本！」

岸壁をはなれ、マルセイユへと向かう船上から、太郎は遠ざかっていく神戸の街をいつまでも見ていました。一九二九（昭和四）年十二月のことです。

このとき太郎は十八歳。四月に入学したばかりの東京美術学校（現在の東京藝術大学）を中退し、両親とともにパリに旅立ったのです。

きっかけは、父一平がロンドンで開かれる軍縮会議を取材する特派員に任命されたことでした。このころには家族思いの夫になっていた一平が、この機会にヨーロッパを見せてやろうと、かの子と太郎も連れて行

ヨーロッパに向かう船上の一平、かの子、太郎（1929年）

くことにしたのです。太郎はそのまま一生パリでがんばる決意でした。

「あぁ、いまにふたりでパリに行きましょうね。シャンゼリゼで馬車に乗りましょうね……」

精神的に追いつめられたかの子が、いつもうわごとのようにつぶやいていた夢が、ついにかなう日が来たのです。

日本をはなれる一平家族の姿を一目見ようと、東京駅には見送りの群衆がつめかけました。一平の人気はそれほど高かったのです。

「あっ、岡本一平だ！　一平さ～ん、いってらっしゃ～い！」

大歓声のなか、もみくちゃにされながら神戸行きの電車に乗りこんだ三人は、騒動のあまりの大きさにびっくりしました。

長い航海の末、三人は翌年一月にパリに到着します。ロンドンで仕事がある一平は、かの子とともに、ほどなくロンドンに向かいました。

「では、お父さん、お母さん、お元気で！」

太郎はひとりパリに残り、異国での生活をスタートさせます。

当時のパリは、芸術を志す者ならだれもが目指す芸術の中心地。もちろん太郎も例外ではありません。パリにあこがれ、パリでの芸術家暮らしを夢見ていました。

実際に暮らしはじめてみると、街並みも、人々の立ち居ふるまいも、生活の風景も、日本とはまったくちがっています。なかでも太郎がいちばん感激したのは、日本にはない自由と開放感に満ちていたことでした。若い太郎はしびれるような思いで、パリの街を歩き回ります。

しかし、その一方で、言葉はわからないし、どんな絵を描いたらいいのかもわからない。パリで思い切り絵を描こうと思っていたのに、来る日も来る日もまったく描けず、悶々とする日々がつづきます。

「いったいぼくはなにをしに来たんだろう？」

太郎の悩みは日増しに大きくなっていきました。

そのころ、パリには多くの日本人絵描きが住んでいました。みんな太郎より年上で、毎日、あきることなくパリの街角やセーヌ河の風景を描いています。フランス語も話せず、フランス人の友だちもできず、日本人だけで固まって暮らす彼らは、米をたき、みそ汁をすすりながら、もくもくと絵を描きつづけています。

「ああ、早く日本に帰りたいなあ……。でもいまもどったらこんなところまで来たかいがない。ガマンしてがんばろう。もう少しのしんぼうだ。」

彼らの夢は「フランス帰り」という称号を手に入れることでした。当時は「パリに暮らした画家」というだけで一目置かれ、パリで描いた絵は高値で売れました。パリでのつらい日々は、帰国後の成功を約束するスペシャルチケットだったのです。

太郎はそんな〝日本人村〟に近づこうとはしませんでした。

「ぼくはあんな風にはなりたくない。少しぐらい絵が上手くなったって、手先だけのことじゃないか。〝絵を描きにきた異邦人〟で終わるなんて、ぜったいにイヤだ。」

十代の若造の分際で自分たちの生き方を否定する太郎に、日本人の絵描きたちは「生意気だ」といかり心頭です。しかし太郎はまったく意にかいしません。そしてこう考えるようになります。

「絵が描けないなら、描けなくたっていいじゃないか。それより、まずはこの土地にとけこむ方が先だ。そうしなければ、いつまでたってもオレは訪問者、異邦人のまま。それでは自分を生かせない。よし、全身でパリにぶつかってやろう！」

心機一転、太郎はパリ郊外にある寄宿舎制の学校に入ります。日本の中学にあたる学校で、同級生は十代前半の男の子たち。太郎は二十歳になっていましたが、歳のはなれた弟のような子たちといっしょに生活しながら、必死になってフランス語と西洋文化を学んだのです。

まもなく流ちょうなフランス語をあやつるようになった太郎は、カフェに集まる世界の芸術家たちと知りあい、仲間として認められます。自分自身もアトリエを構え、身も心も大きな自由を感じていました。しかし、それでも絵が描けないことに変わりはありません。

「なにかを表現したい、という思いだけはほとばしるほどあった。でも、なにを表現したらいいのか、ぜんぜんわからなかったんだよ。」

なにも描けない自分に対する嫌悪感だけがどんどん大きくなり、太郎を苦しめます。

そんなある日、人生を変える出会いが待っていました。立ち寄った画廊でぐうぜん見つけたピカソ[*]の『水差しと果物鉢』。ありきたりの静物画が、見たことのないスタイルで描かれていたのです。

* パブロ・ピカソ (1883 - 1973) スペインで生まれ、おもにフランスで活躍した画家。

「静物」とは西洋画の代表的な画題で、机の上の花びんや果物など動かない対象物のこと。形、色、奥行き、光の具合など、まるでそこにあるかのように生き生きと描写するのが常識です。

ところがピカソの絵は、水差しや果物は太い線で輪かくが描かれているだけだし、かべやテーブルはパッチワークのよう。目の前にある風景からピカソが着目した要素だけをぬき出し、あとは切り捨てて、それまでなかった新しい芸術表現をつくり出しています。

細かいちがいは無視して、ものごとの特徴をつかみとり、本質をとらえる。これが「抽象化」です。ピカソは、写真のように描くのが正しいと思われていた静物画を、大たんに抽象化することで、絵画に新しい可能性を見出したのです。

「なんだ、これは！　のびのびと走る太い線、細い線。その一本一本が生き生きとした表情をもってオレの胸をついてくる！」

ピカソの熱い思いが太郎の全身にビンビンと伝わってきます。

「これだ！」

胸が熱くふくらんだ太郎は、思わずこぶしをにぎり、いてもたってもいられなくなりました。アトリエに帰る道すがら、とめどなくなみだがあふれてきます。

「これこそ、ぼくがつきつめるべき道だ！」

抽象表現には国境も、民族も、文化のちがいもありません。抽象という土俵のうえではだれもが同列であり、対等です。

「抽象にはフランス人も日本人もない。それなら自分を打ち出せるじゃないか！　これで闘える！」

ようやく迷いをふり切った太郎は、ついに本格的な創作活動をスタートさせます。二十一歳の夏でした。その翌年には、はやくも抽象芸術運動の中心「*抽象・創造協会」のメンバーにむかえられます。会長は*カン

＊抽象・創造協会（アブストラシオン・クレアシオン）２０世紀初めのヨーロッパで抽象芸術を代表する芸術家たちの集団。

ディンスキーで、世界的な芸術家たちが抽象芸術を追求していました。

それまでの絵画が「具体的ななにかを描写するもの」だったのに対して、抽象はよけいなものをギリギリまで削ぎ落とし、本質だけを取り出そうとする試みです。

たとえば、抽象を代表する画家モンドリアン*は、『花咲くリンゴの木』で、樹木を直線と円弧のみで表現したあと、『赤・青・黄と黒のコンポジション』では、ついに垂直線と水平線のみによって分割した画面に三原色と黒だけを塗る、というところまでいきつきます。

名だたる芸術家たちが抽象芸術運動に名を連ねるなか、太郎は弱冠二十二歳。もちろん最年少で、ただひとりの東洋人です。若くしてパリ芸術界の最前線にむかえられ、世界から集まった一級の芸術家たちと交流を深めていった太郎は、充実した日々を送っていました。

しかし、そうであったにもかかわらず、太郎の胸のなかに、しだいに



*ワシリー・カンディンスキー　(1866 – 1944) ロシア出身。抽象絵画の先がけで、美術評論家としても有名。

*ピエト・モンドリアン　(1872 – 1944) オランダ出身。抽象絵画の発展に貢献した。

『リボンの祭』（1935年）
パリ時代の作品。戦争で消失した。

『痛ましき腕』（1936年） 太郎が25歳で描きあげたパリ時代の代表作。

ある抵抗感が頭をもたげてきます。どんなものであれ、具体的ななにかの姿形を描いてはならないという抽象絵画のルールが、だんだんときゅうくつに思えてきたのです。

「オレのからだのなかにある生々しく具体的な形や色のイメージを、そのまま画面にぶつけたい！」

そう考えるようになった太郎は、リボンを題材とした作品『リボンの祭』を描きはじめました。宙にうかぶように流れゆらめくリボン。やがてリボンはかたく結ばれます。すでにこの時点でルールから外れていたのですが、まだギリギリゆるされていました。

しかし翌年、ついに『傷ましき腕』を描きあげます。真っ赤なリボンから拳をにぎりしめた腕がつき出し、切りさかれた傷口がピンクの生肉をさらしている。そこにあるのは強烈で生々しい現実感です。

ついに抽象から外にふみ出してしまった太郎は、「抽象・創造協会」

からの脱会を決意します。二十五歳のときでした。

いっぽう皮肉なことに、この『傷ましき腕』は、シュルレアリスム運動のリーダー、*アンドレ・ブルトンの目にとまり、高く評価されます。

シュルレアリスムとは、まるで夢のなかをのぞいているような現実ばなれした世界を表現するもの。有名な*サルバドール・ダリの『記憶の固執』では、チーズのようにとけた時計が、机や木の枝からしたたり落ちています。現実にはあり得ない不思議な光景が、観る者の、こり固まった感覚をひらいてくれるのです。

『傷ましき腕』はシュルレアリスムの傑作だと評価するブルトンにすすめられ、太郎はこの作品を第一回シュルレアリスム展に出品しました。抽象芸術運動と決別した直後に、今度はシュルレアリスム運動にさそわれたわけです。じつはそれ以前から、太郎はシュルレアリスムの中心メンバーたちと親しくつきあってもいました。

*アンドレ・ブルトン　(1896 – 1966) フランスの詩人で文学者。
*サルバドール・ダリ　(1904 – 1989) スペイン出身。絵画、彫刻、舞台装置など幅広く表現。

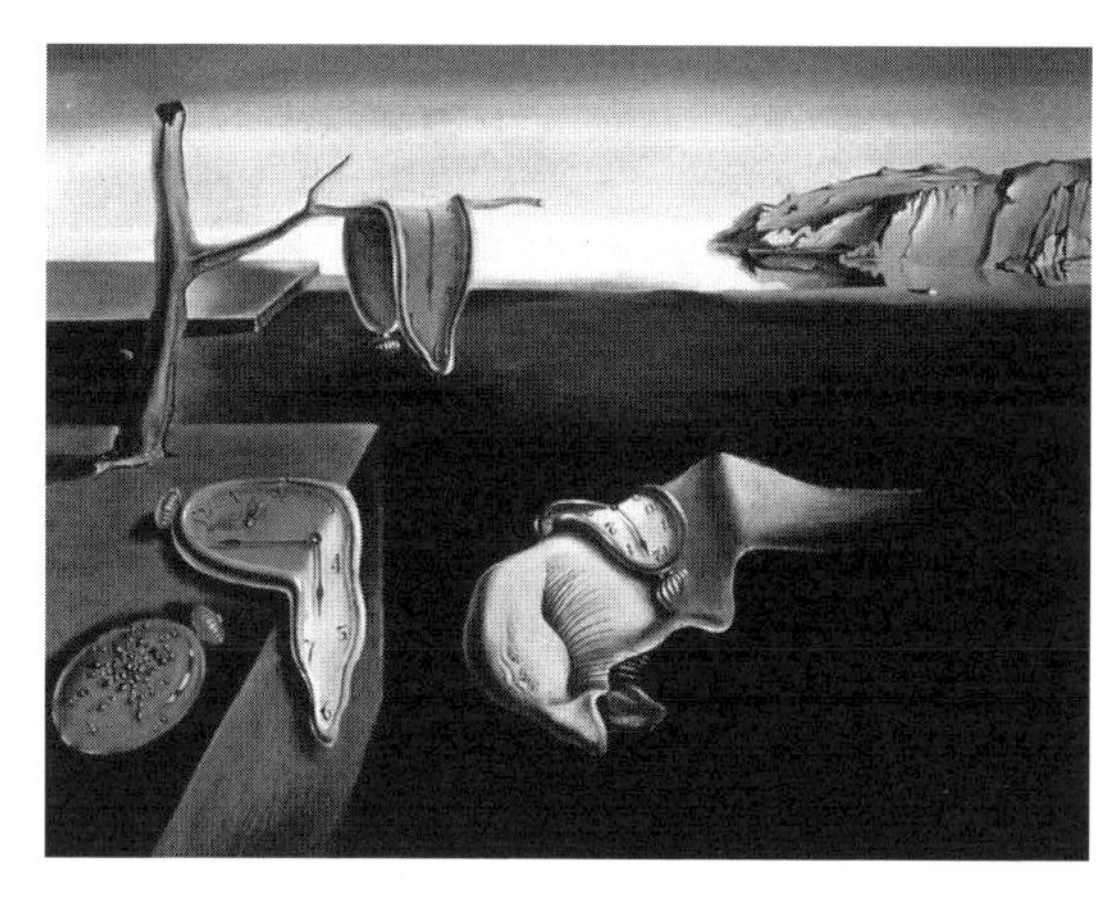

『記憶の固執』
サルバドール・ダリ
（1931年）

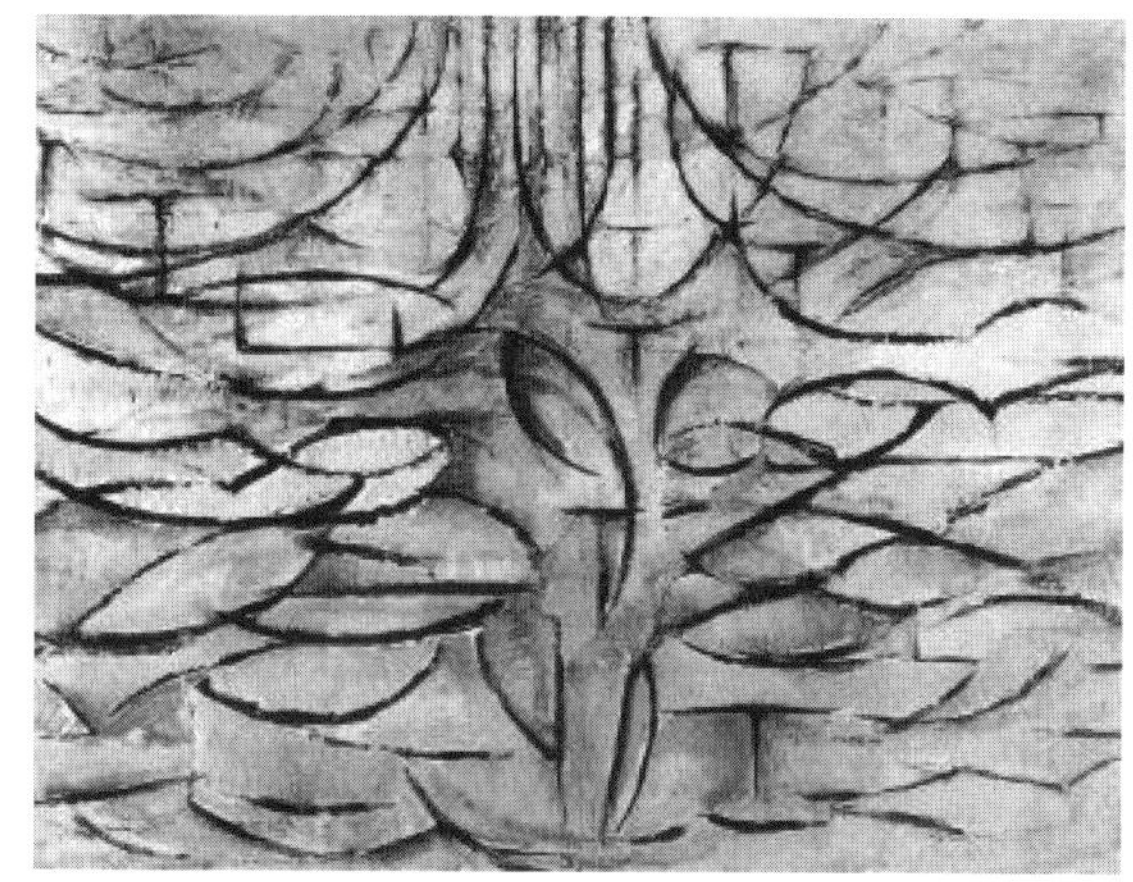

『花咲くリンゴの木』
ピエト・モンドリアン
（1912年）

『赤・青・黄と黒のコンポジション』
ピエト・モンドリアン（1921年）

両者はともに二十世紀に生まれた新しい芸術の中心で、競いあっていました。その両方をともに体験し、双方と親しくかかわりをもった芸術家は、世界を見わたしても太郎だけです。

しかし太郎は、シュルレアリスムに加わろうとはしませんでした。自分のなかで、ある疑問がどんどん大きくなっていったからです。

「抽象もシュルレアリスムも、オレは左だ、オレは右だ、と言っているだけで、けっきょくは〝どんなふうに絵を描くべきか〟という絵描き同士の小さな争いにすぎないじゃないか。」

「絵描きはしょせん〝絵描き〟でしかないのか？　オレはそんなのはいやだ。もっと人間を知りたいし、人間そのものから出発したい。」

絵描きとして生きることにむなしさを感じた太郎は、パリ大学に入り、人間について勉強しようと考えました。最初は哲学を学び、問題を知的に考えぬく方法を身につけます。

　ちょうどそのとき、ピカソ以来の衝撃が太郎をおそいました。出来たたばかりの人類博物館でぐうぜん目にした世界の民族資料が、圧倒的なオーラを放ちながらせまってきたのです。そこでは、仮面や神像など世界のすみずみから集められてきた「モノ」たちが、ギラギラとかがやきひしめきあっていました。

「なんだ、これは！」

　言葉を失うほど仰天した太郎は、ふたたび大きな感動につつまれます。

「ここに並んでいる祭りや暮らしの道具は、いずれも民衆が生活のために生み出したものだ。すべてが生々しい現実のいろどりであって、〝美のための美〟ではない。つまり〝美術〟なんかじゃない。」

「時空をこえた人間本来のありよう。そこからわき出てくる、むっとするほどの強烈な生活感。すごいじゃないか！」

＊**人類博物館（ミュゼドロム）**　1937年に開館した、人類の歴史に関する博物館。

民族学科に移った太郎は、〝民族学の父〟マルセル・モース教授の弟子になり、絵を描くこともやめて研究にうちこみます。二十七歳のときでした。

本格的に民族学を学んだ経験は、太郎に決定的な影響をおよぼします。

「なんのために絵を描くのか？」

「芸術ってなんだ？　芸術家ってなんなんだ？」

すべてはそれを自分自身に問いただすためにはじめたこと。しかし、答えを探そうと哲学や民族学を学ぶうちに、一般の画家・彫刻家とはまったくちがう発想や考え方が太郎の精神に宿っていったのです。

カバンをかかえてパリ大学に通う太郎を、日本人の絵描きたちは快く思いませんでした。

「いい気になりやがって。生意気な野郎だ。そんなことをするひまがあったら、デッサンの一枚も描くべきなんだよ。」

嫉妬もあったのでしょう。さんざん悪口を言ったあげくに、ついにはみんなで取り囲んでなぐりつけたそうです。

そんな連中は相手にせず、太郎はフランスの友人たちとの交友を深め、「人間とはなにか」を追い求めていきました。

「なぜ芸術家であるあなたが、マルセル・モースの弟子になったのか？」

のちに、インタビューを受けた太郎は、こう答えています。

「芸術とは、全人間的に生きることだ。ぼくは絵だけを描く職人にはなりたくない。だから民族学を学んだんだ。」

岡本太郎は生まれたときから「岡本太郎」だったわけではありません。日本人がよく知る前衛芸術家・岡本太郎はパリでつくられました。

ひとり孤独と不安のなかで、なやみ、苦しみ、迷い、遠回りをしながら「岡本太郎」になったのです。

## 冷凍された五年間

芸術の都パリで知の最先端をかけぬけた太郎。しかしはなやかなパリにも戦争の足音がひたひたと近づいていました。

一九三九（昭和十四）年九月、フランスはついにナチス・ドイツに宣戦布告します。そのころパリはまだ平穏で、カフェやレストランも平常どおり営業していましたが、いっぽうで若者は徴兵され、次第に芸術運動や集会もままならなくなっていきます。翌年四月ごろに戦況が急速に悪化。パリ陥落をねらうドイツ軍がすぐそこまでせまってきました。

「オレは闘う。みんな元気で！」

国籍や人種を超えて心をむすび、ともに新しい芸術をめざした同志の友が、ひとり、またひとりといなくなっていきます。

「オレはここでなにをすればいいんだろう？」

「いったいオレになにができるというんだ！」

話し相手もいないパリで、太郎はひとり苦悩し、自問自答しました。

「オレはフランスに運命をかけるつもりでこのパリに来た。それなのに、ともに芸術を闘ってきた仲間はみんな銃をとって戦場に行ってしまった。だがオレにはそれはかなわない。それどころか敵国陣営の日本人だ。けっきょくオレは、どこまでいっても〝異邦人〟でしかないのか！」

言いようのない孤独と絶望が押し寄せてきます。ひとり悩み、考えぬいた末にたどり着いたのは、自分でも信じられない結論でした。

「オレにとって、ほんとうに闘う場所はここじゃない。ヒトラーに占領されたパリにいて、いったいなんになるか。よし、日本に帰ろう。日本で闘おう。日本で自分をかけるんだ！」

捨て去ったつもりでいた日本に帰る。そう決意した太郎は、最後の引揚船に乗ってマルセイユを出港します。

「嗚呼……！」

遠ざかっていく港をながめながら、身が引きさかれるような思いに涙がとまりません。

「この瞬間にも前線にいる友は死の淵にいる。それなのに、自分にだけは帰る国があるなんて……。こんなのフェアじゃない！」

太郎はそれが口惜しくてなりませんでした。

甲板にぼうぜんと立ちつくす太郎を、親切になぐさめてくれる人もいました。

「なあに、戦争が終わったら、またもどってくればいいんだよ。」

そんなことじゃないんだ！　太郎は無性に腹が立ちました。

「オレはいま、戦禍に苦しむフランスを捨て去ろうとしている。たとえ戦争が終わっても、もうフランスにもどる資格なんかない。戦後もし訪れることがあったとしても、最後まで〝通りすぎる旅人〟でいよう。」

日本で闘う決意を胸に秘め、絶望から立ち上がった太郎。そんな太郎を乗せた船が日本に着いたのは二か月後、一九四〇（昭和十五）年八月のことでした。日中戦争のさなかにあって、軍国主義が支配する戦時体制下の日本には、暗く重い空気がたれこめていました。

翌一九四一（昭和十六）年、*徴兵検査を受けた太郎は、すでに三十歳をすぎていたにもかかわらず、十八〜十九歳の若者たちに混ざって、最下級の初年兵として入隊することが決まります。

十一月に銀座・三越ではじめての個展が開かれますが、十二月には日本が真珠湾を攻撃、ついに太平洋戦争の火ぶたが切って落とされました。

まさか！　開戦を知った太郎はがく然とします。西欧諸国の国力を自分の目で見てきた太郎には、日本に勝ち目がないことが最初からわかっ

*徴兵検査　兵役につく能力があるかを調べる、身体等の検査。

ていたのです。

「オレはまちがいなく死ぬだろう。よし、死んでやろう！」

一九四二（昭和十七）年一月、太郎は中国戦線に送られました。現地に到着した太郎を待っていたのは「初年兵教育」という名の暴力でした。朝から晩まで、怒声を浴びながらなぐられ、残酷でむなしいしごきを受けるのです。戦争という極度の緊張状態のなかで、軍隊はある種の集団ヒステリーにおちいっていたのでしょう。

「西洋人は鬼だ」と本気で信じていた時代です。フランス帰りの太郎が目をつけられないわけがありません。太郎には、軍隊がもっとも忌み嫌う〝自由主義者〟のレッテルが貼られました。

「なに？　パリに暮らした絵描きだ？　ふざけるな！　チャラチャラしやがって！　そのくさった性根をたたき直してやる！」

連日、理由もなく上官になぐられるのです。

太郎だけではありません。就寝前に「全員、下士官室に集合！」という命令がよく兵舎にひびきました。

「一列に並べ！　貴様らの今日のザマはなんだ！　ひとりずつ名乗って前に出ろ！」

順に一歩前に出ると、ようしゃのない拳が飛んでくる。兵士たちを恐怖と屈辱、そして絶望がおそいます。

毎日のようにくり返されるうちに、太郎はあることに気がつきました。なぐる方も力んでいるので、一番目、二番目はまだ本調子が出ない。六番目、七番目になるころには腕もつかれてくるし気分もさめてくる。もっともパンチの威力が強いのは四番目だ、と。

「自分を守ろう、にげようとしたら、オレの負けだ。ようし、どうせならいちばんひどい状況を引き受けてやろう。オレは四番目に出る！」

太郎はこの「四番目主義」をつらぬこうと決めました。

でも、いよいよとなると全身から血の気が引いていきます。太郎だって怖いのです。

ひとり目、ふたり目がうめき声とともに倒れていく音を聞きながら、目をつぶって身構えて待つ太郎。そして四番目、

「陸軍乙種幹部候補生、岡本太郎っ！」

パッと前に出ようとするのですが、ひざがガクガクしてつんのめりそうになります。頭ではかくごができているのに、恐怖におびえる肉体が言うことを聞きません。必死で体勢をたて直し、直立不動になると、一気にパンチが飛んでくる。気を失って土間に倒れると、

「馬鹿野郎！　なにをしている。立てっ！」

フラフラ立つとまたやられる、そのくり返し。

太郎はあらゆることに四番目主義をつらぬきました。

戦友のだれかが問題を起こして

「だれだ！　やった者は前に出ろ！」

という上官の怒号が聞こえたときも、

「はい、岡本がやりました！」

と、なんのことかわからないのに前に進み出ました。

みんなの犠牲になろうと思っていたわけではありません。「最悪を引き受ける」と決めたのは、どん底に落とされた自分を試すため。

「ぜったいに反抗できない状況に置かれたとき、弱腰になったら状況に負けてしまう。だから逆に挑戦したんだ。弱気になってにげようとしたら、ぜったいに負けてしまうからね。そういうときは、逆に挑むんだ。」

もちろん、そんなことをしたところで痛い思いをするだけ。なんの役にも立たないし、得るものもありません。

「オレはやる！」

ただそう決意しただけ。そして決意したことをやりぬいただけ。それこそが岡本太郎の〝スジ〟だったのです。

戦争とは残酷であり、理不尽であり、むなしいものであることをいやというほど思い知らされた太郎ですが、いっぽうでは滑稽な出来事もあったようです。

ある日、最前線の激戦の絵を描くようにと命じられ、歩兵の第一線部隊と行動をともにしたときのこと。進軍して占拠した村で砂糖の貯蔵庫が見つかりました。砂糖といえば、前線では手に入らない貴重なもの。喜んだ兵士たちは一斉に群がり、存分になめ、食べ、持てるだけ持ったのですが、まだ大量に残っています。

「えーっ!!」

次に兵隊たちが取った行動に、太郎は目を疑いました。なんと、残った砂糖にみんなで小便をかけ、汚物をまき散らしているのです。

「すぐあとから友軍が来るのに！」

おどろいた太郎がそう言うと、彼らは信じられない台詞を口にしました。

「バカ野郎！　だからやってるんだ。そいつらが食えないようにな。ざまぁみやがれ！」

おなじ日本軍同士、日本人同士で、ほとんど憎しみにも近い対抗心を燃やしているのです。連隊は他の連隊を、中隊は他の中隊を、小隊は他の小隊を……。

このバカバカしい一部始終を、太郎はあっけに取られて見ていました。戦争とはこれほどおろかで滑稽なものなのです。

太郎が描いた、当時の貴重なスケッチがのこっています。同僚の若い兵士が、草原のようなところでまどろみ眠る姿を描いたもので、およそ太郎らしからぬ写実的な素描です。

『眠る兵士』（1945年）　中国での捕虜生活を強いられた太郎が、束の間の休息をとる同僚兵士を描いたスケッチ。

日付は終戦間近の一九四五（昭和二十）年六月十七日。ひまつぶしに、手元にあった紙にさらさらっと描いただけでしょうが、透明感とやさしいまなざし、なにより人間への愛情に満ちています。

そして八月十五日をむかえました。日本は連合軍に無条件降伏し、敗戦が決まります。三年八か月におよんだ太郎の軍隊生活がついに終わりました。しかし太郎の戦争はさらにつづきます。捕虜として捕らわれてしまったからです。捕虜収容所に送られた太郎は、そこで十か月を過ごし、ようやく復員できたのは一九四六（昭和二十一）年六月のことでした。

軍隊生活四年。収容所での一年。あの五年間、私は冷凍されていたような気がする。わが人生で、あれほどむなしかったことはない。

のちに太郎はそう書いています。

## 四 戦闘開始

「東京は空襲で丸焼けだが、お屋敷町の青山には、ねらわれるような場所がないから、大丈夫だと思うよ。」

中国からの引揚船のなかで聞いた乗組員の話に、太郎は胸をなでおろしました。やがて船は長崎・佐世保に到着。一九四六(昭和二十一)年六月、捕虜生活から解放された太郎はようやく日本の土をふみます。

東京にたどり着いたのは二日後のことでした。栄養失調寸前のからだにヨレヨレの軍服をまとい、手元には二千円とわずかな米だけ。

「やっと家に帰れる。あと少しだ。五年ぶりだな。」

しかし、渋谷駅に降り立った太郎を待ち受けていたのは、おどろくべき光景でした。すべてが焼け野原だったのです。

やせおとろえたからだをひきずって青山まで歩くと、さらに目を疑う景色が広がっていました。自宅が建っていたあたりに、青々と麦がそよいでいたのです。家は跡形もありません。アトリエも、家財道具も、そしてパリから持ち帰った作品群も、いっさいがっさいすべてが消えていました。太郎は絶句します。

「あぁ……」

次の瞬間、父一平のことが頭をかけめぐりました。母かの子は七年前に亡くなっていたけれど、一平はここに住んでいたはずだからです。

さいわい一平は岐阜に疎開していて無事でした。ところが当の太郎は、もどった三日後に電車のなかで有り金をぜんぶ盗られて無一文。すべてを失い、いよいよ命運がつきようとしていました。

このとき太郎を救ったのがノーベル賞作家の川端康成です。一平の親しい友人であり、かの子に小説の指導もしていた川端は、岡本家ととても近しい関係にありました。

「太郎くん、行くところがないなら、うちにいらっしゃい。」

太郎が訪ねていくと川端はたいそう喜び、当座の生活資金を用立ててくれたばかりか、居候までさせてくれたのです。

しばらく鎌倉の川端邸にやっかいになったのち、太郎は川崎にあるかの子の実家に身を寄せました。やがて多摩川をはさんで対岸の上野毛に買い手のつかないアトリエがあることを知り、なんとかそれを手に入れます。十一月ごろのことで、太郎は三十五歳になっていました。

「日本で闘おう。日本で自分をかけよう！」

戦時下のパリでそう決意してから六年あまり。ついに創作を再開するときが来たのです。もっとも手元にあるのは筆二本とわずかな絵の具、そして一枚のキャンバスだけ……。それでも太郎の心には、戦闘開始のゴングが高らかに鳴りひびいていました。

「よし、まずはいままでなかった価値観をつきつけよう！　古い価値にしがみつく日本の美術界をゆさぶってやるんだ。」

太郎は原色*を使った強烈な絵を描きはじめました。原色なんて、女、こども、下司の好みとバカにしていた美術界に、あえて真逆をぶつけようと考えたのです。

じつは当時、いくつもの展覧会を観て、太郎はあきれはてていました。

「ぜんぶ〝灰色〟だ。まるで江戸時代の〝わび・さび〟をなぞっているみたいじゃないか。なぜみんなおなじなんだよ。個性はどこに行った？」

日本の美術作品が「灰色の世界」にとどまっていた最大の理由は、美術界の体質が旧態依然としていたことでした。

敗戦でそれまでの秩序や価値が一日にしてくずれ去った日本。生活は貧しく苦しかったけれど、世の中がひっくり返ったという開放感から、



**＊原色**　混ぜることで、あらゆる色をつくることができる色。絵の具では、赤、青、黄。光では、赤、緑、青が三原色となる。

社会には明るい希望があふれ、不思議なエネルギーに満ちていました。

ところが美術界だけはなにも変わらず、昔のまま。外の世界に背を向けて、みんなで昔ながらの価値観と序列を守っています。

そのころ、もともとかの子のファンだった平野敏子という女性が、太郎の仕事を手伝うようになり、まもなく秘書になりました。やがて養女となった敏子は、生涯のパートナーとして半世紀にわたって太郎とともに走りつづけます。

「まるでお相撲みたいだったのよ。」

その敏子がよくそう言っていました。

「戦争が終わって価値基準が大きく転換したのに、絵の世界は番付みたいに順位が決まっていて、前頭は前頭らしい絵を描き、大関は大関らしい立ち居ふるまいをする。そうしないとつまはじきにされてしまうのね。

それを見て、岡本先生はいつも〝なんだ！　そんなことで芸術ができるか！〟って言ってた。」

権力のピラミッドと闘おう。そう決めた太郎は、『夜明け』、『重工業』、『森の掟』など、原色の大作を続々と発表していきます。

とうぜん罵詈雑言があびせられました。

「なんだ、アレは？　色彩感覚がまるでなってないじゃないか！　ああいうのを〝色音痴〟って言うんだろうな。」

悪口は望むところ。太郎は平気でした。それどころか、新聞や雑誌に次々に文章を書き、美術界がいかに閉鎖的でおくれているかを告発していきます。

一九四七（昭和二十二）年、日本での活動をはじめたばかりで、はやくも新聞に挑戦的な芸術論を発表します。タイトルは「〝新しい芸術〟宣言／絵画の価値転換」で、書き出しは「絵画の石器時代は終わった」。

『重工業』（1949年）　機械文明に翻弄される人々を描いた初期の代表作のひとつ。

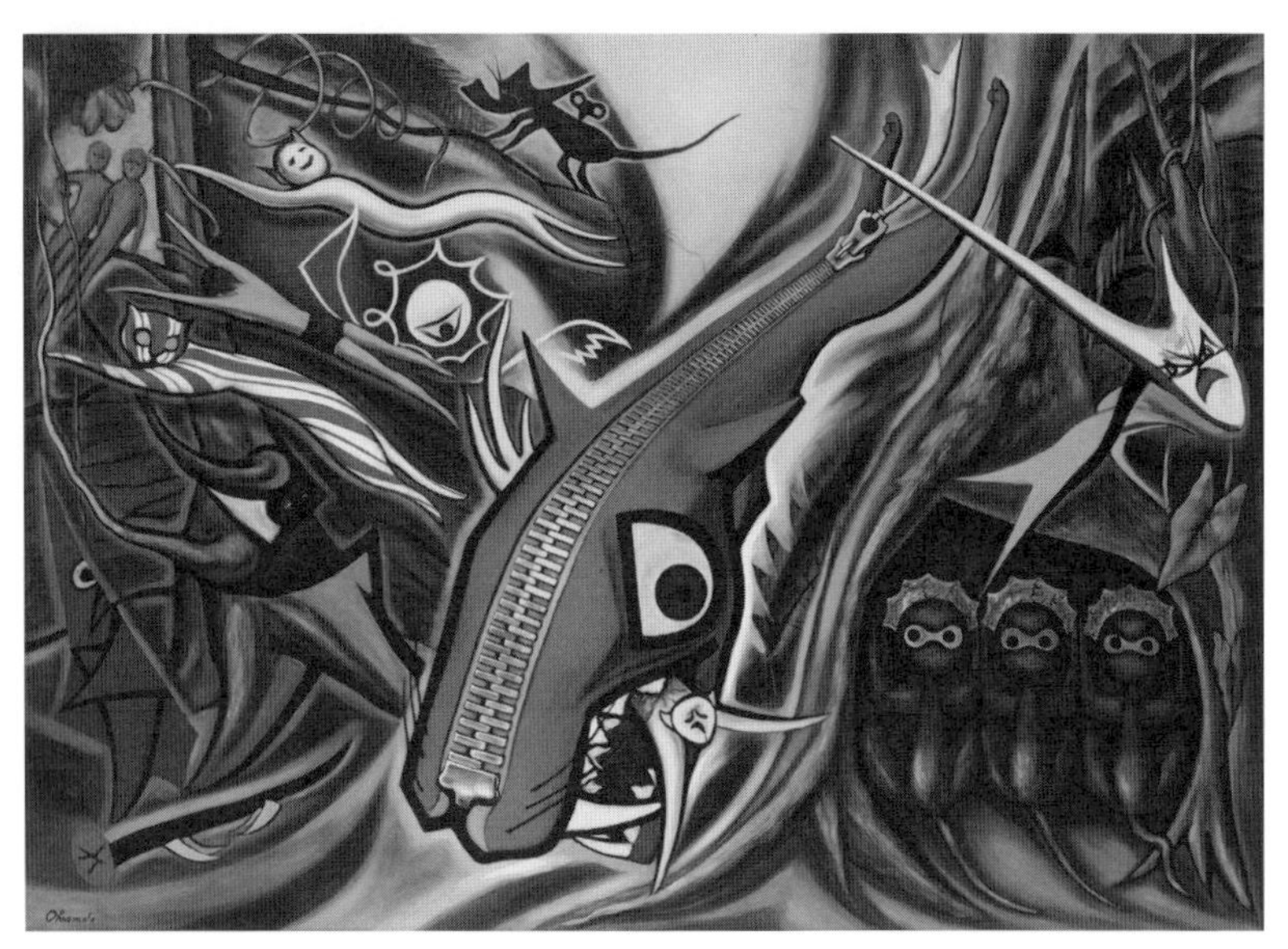

『森の掟』（1950年）　チャックを持つ怪獣とにげまどう動物たち。
正統的な西洋絵画というよりマンガに近い。

このなかで太郎は、西欧の歴史は自由を獲得する闘いであったこと、二十世紀になって自由な精神が自由な芸術表現を生み出したこと、これまでの絵画は趣味的鑑賞のための「美術的絵画」にすぎないが、これからは独立した自由な精神があらわす「芸術的絵画」でなければならないこと、などをうったえます。最後はこうしめくくりました。

> 西欧の芸術精神が今世紀の初頭に獲得した自由の恩恵を、わが国もやっと享受でき得る時代が到来したのである。困難ではあるが、四十年間のギャップを一挙に飛躍して世界文化の流れに同等な地位を占め、新しい出発をしなければならない

閉じている日本を、なんとか世界水準にまで引き上げようとしていたことがよくわかります。

「美術的絵画は〝絵〟であり、絵は〝芸〟にすぎない。芸と芸術はまっ

たくちがうものなんだ。」

そもそも「芸術」や「芸術家」は、明治になって入ってきた考え方です。それ以前は「芸能」であり「芸道」であって、絵を描く者は「絵師」や「画工」と呼ばれていました。大工や石工とおなじ職人だったのです。

ヨーロッパでさえ十八世紀ごろまでは、絵描きは貴族の注文どおりに絵を描く職人でした。依頼主の気にいるように仕上げる技術をもった職人が、宮殿の天井画を描いたり、伯爵夫人の肖像画を描いたりしていたわけです。

ところが革命で貴族が力を失うと、とつぜん注文主がいなくなってしまいました。絵描きは「だれのために描くのか」「なにを描いたらいいのか」がわからなくなってしまいます。

悩む絵描きたちが最後にたどり着いたのが「芸術とはなにか」という問題でした。この問題を自分で考え、答えを見つけ、自分の責任で社会に問いかけない限り、絵が描けなくなってしまったのです。

　それは絵画が自由を獲得した瞬間でもありました。こうして絵画は芸術になったのです。

　それなのに、日本ではいまだに「芸道」と「芸術」の区別がついていない。太郎はそう考えていました。

「いまでもおなじような態度で仕事をしている絵描きばかりだ。かつての貴族時代とちがって、いまの主人は画商だけどね。」

　もちろん、「石器時代」「芸」と切り捨てられた美術界の人々は、腹わたが煮えくり返ったはずです。いかにパリ時代の経歴がはなばなしくとも、日本では新参者にすぎない若造が、いきなり掟破りのたんかを切ったのですから、とうぜんです。

「あんな下手くそで色音痴の絵描きがなにを言う！　ふざけるな！」

　とりわけ怒り心頭だったのは、ピラミッドの頂上にいる美術評論家たちでした。

しかし、どんなにひどくののしられようと、太郎はひるみません。

「言うべきことを言う。いきどおりを、生きがいとしてつき出してゆく。抵抗の火の粉を身にかぶる。おもしろいじゃないか。」

もちろん太郎だってふつうの男です。信念がどれほど強かったとしても、たったひとりで闘うのは不安だっただろうし、こわかっただろうと思います。だからこそ、にげ道を絶って、あとには引けない状況に自分自身を追いこんだのでしょう。

敏子がよくこう言っていました。

「みんな先生のことを生まれつきの鉄人のように思っているみたいだけど、冗談じゃない。そんなわけないでしょ？　先生だって、ほんとうは、弱い、普通の男の子。だけど歯を食いしばって〝岡本太郎〟をやりとおした。辛かったでしょう。でも、けっして弱音をはかなかったし、それをだれにも見せなかった。そんなことも知らないで、みんな〝先生は天才だから〟とか〝われわれ凡人にはとてもとても……〟なんて言っている。それを聞くたびに〝あまったれるな！〟とけとばしてやりたくなるの。」

太郎が闘っていたのは自分自身だったのかもしれません。

「敵があるとすれば、画商や批評家じゃない。自分自身なんだよ。」

じっさい太郎はそう言っていました。

「こんなに弱い、なら弱いまま、ありのままで進めば、逆に勇気が出てくるじゃないか。もっと平気で、自分自身と対決するんだよ。いいかい、こわかったらこわいほど、逆にそこに飛びこむんだ。やってごらん。」

美術界のえらい人たちにはにらまれましたが、その潔い言動に拍手かっさいする人も多く、太郎はひとり日本美術界にきりこんだ風雲児として、世の中の人気者になっていきました。

## 五　本職は〝人間〟

「芸術ってなんだ？　芸術家ってなんなんだ？」

芸術を志したときから、太郎は考えつづけていました。

　パリにわたってすぐに思い定めたのは、「ただ絵を描くだけの職人にはなりたくない」ということ。日本人ばかりがあつまる〝日本人村〟に近づかなかったのも、一時は筆を折って民族学に打ちこんだのも、すべては〝職業絵描き〟で終わりたくないという強い衝動からでした。

「ただひたすら人間的に生きる。それがほんとうの芸術だよ。人間、即、芸術。芸術、即、人間。もっとも強烈に生きる人間こそが芸術なんだ」

　この考えをとことんまでつきつめた太郎は、やがてある結論に達します。

それは、「芸術は職業ではない」ということ。

「人間として生きること、それが芸術だ。だから、芸術に専門家がいるなんておかしいんだよ。人間的に生きることに専門家なんていないだろ？　人はだれでも芸術家なんだ」

芸術は仕事ではないし、金を得る手段でもない。商品と金を交換する小売業でもなければ、サービスと引きかえに対価を受け取るサービス業でもない。芸術とは「どう生きるか」なんだから……。そう考えるようになったのです。

「あなたは絵描きさんでありながら、さかんに文章も書くし、いったいどっちが本職なんですか？」

記者にそう問われたとき、太郎はこう答えました。

「本職？　そんなものはありませんよ。バカバカしい。もしどうしても

『本職』って言うんなら、〝人間〟ですね。」

太郎は、とうぜんのように、この信条を自分の人生で実行しました。

「芸術は商品じゃない。だれかに買ってもらおう、お金にかえようと努力するなんていやしい。」

太郎はそう言って、絵を売ろうとしませんでした。

もちろん、絵描きが絵を売らなければ生活は成り立ちません。元気いっぱいで日本美術界に飛びこんでいった太郎でしたが、暮らしは苦しいものでした。

生活を支えたのはおもに本や雑誌の表紙、新聞のさし絵などで、とくに当時の新聞社は景気がよく、さし絵の仕事はとてもいいアルバイトだったようです。作品を売らないかわりに、そういった仕事でなんとか食いつないでいたのです。

もちろんアトリエでは情熱的に絵画制作を進めていました。『夜』、『まひるの顔』、『美女と野獣』、『クリマ』、『足場』、『海辺』など、鮮烈な作品を続々と誕生させています。

この時期に注目されるのは、絵画とは異なる表現ジャンルへの可能性に気づいたことでしょう。

パリ時代も、東京にアトリエを構えた当初も、太郎がやっていたのはひたすら絵を描くことでした。

ところが、ある仕事をきっかけに、太郎の表現世界が大きくひろがっていきます。ことのはじまりは、一九五二年に地下鉄・日本橋駅の通路を飾った『創生』という壁画でした。依頼したのは建築家の坂倉準三*です。坂倉は、太郎のパリ時代の友人のひとりでした。

「そうだ、太郎に壁画を描いてもらおう。きっとおもしろくなるぞ！」

地下通路のリニューアルを任されていた坂倉が、ある日そう思いつい



*坂倉準三（1901－1961）
近代建築の巨匠ル・コルビュジェの弟子として、1930年代をパリですごした。

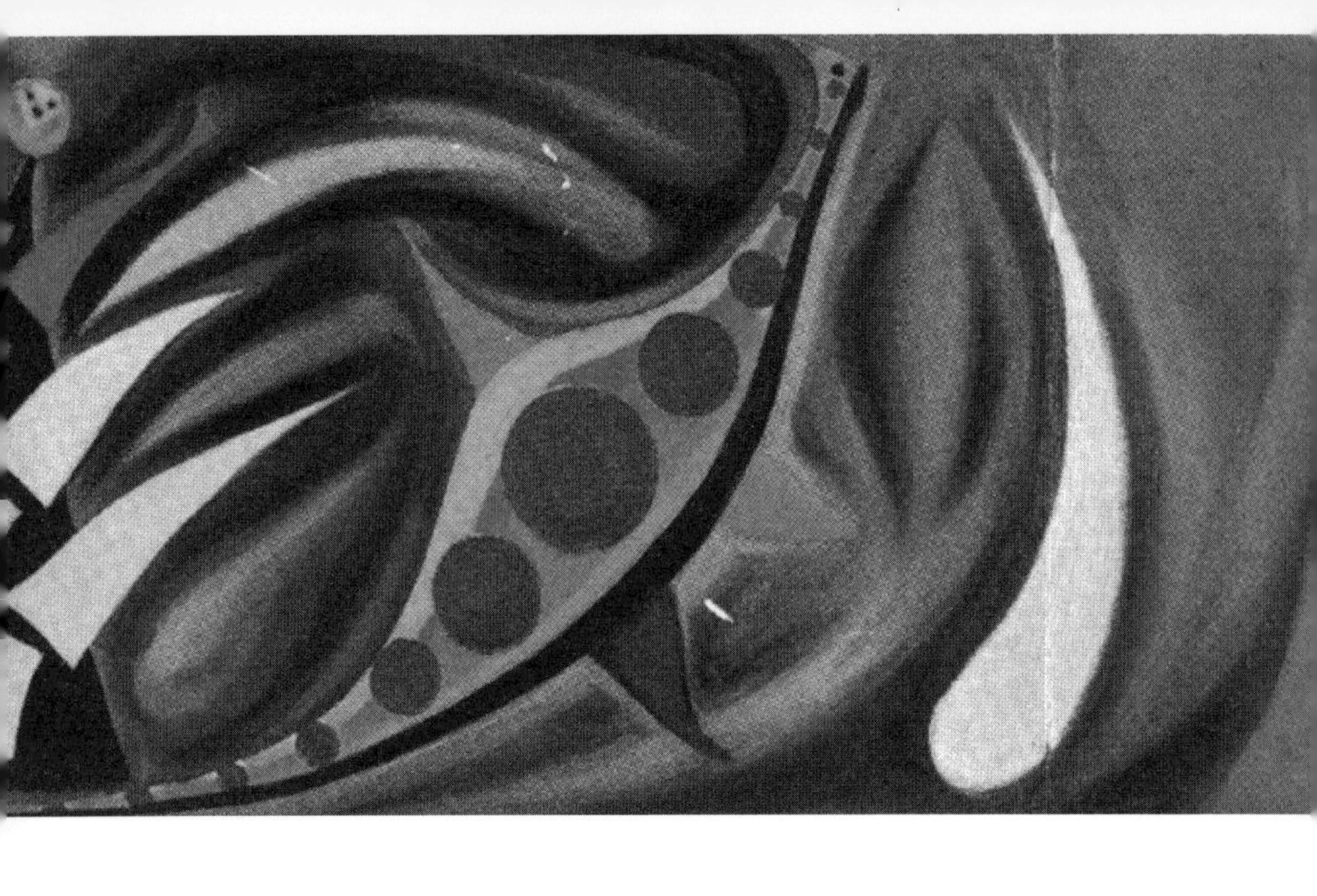

たのです。

ところが太郎は、絵の具で〝描く〟のではなく、工業生産がはじまったばかりのモザイクタイルを使って〝製造する〟ことを考えます。とうぜんタイルは自分ではつくれないし、施工することもできません。絵描きにできるのは原画を描くことだけ。そこから先の作業はすべてタイル工場に任せるほかありません。絵の具で描けば簡単なのに、なぜ太郎はそんな面倒な方法を選んだのでしょう？　じつはその裏にはおどろくべき野望がかくされていました。

**『創生』原画　（1952年）高島屋史料館蔵**　日本橋高島屋と地下鉄駅を結ぶ地下通路に設置されていたモザイク壁画の原画。「建築には色彩が重要だ」とかんがえていた坂倉準三が、太郎に制作を依頼した。

「絵の具で描いた絵は世界に一枚きりだが、タイルならおなじ絵を無限に生産できる。そうなれば欲しい人みんなにいきわたる。芸術が特別なものじゃなくなってどんどん生活のなかに入っていけるじゃないか。」

そう考えたのです。この発想は、美術界の常識と価値観を根底から変えるものでした。なぜなら、美術の価値は「一点主義」に支えられているからです。作品はただひとつ。ひとつしかないから価値がある。どんなに高くてもしょうがない。だって世界にひとつしかないんだから……。もしこの前提がひっくり返って、おなじ作品が大量に出回ることになったら、美術品の価値と価格は暴落してしまいます。そうなれば、見栄やお金もうけのために絵を買う人はいなくなり、絵描きや画商は生活が立ち行かなくなるでしょう。

しかし太郎はそれでいい、いやそうなるべきだと考えていました。

「芸術は金持ちやエリートだけのものじゃない。民衆のもの、みんなのものなんだ。生活そのものなんだよ。」

しかも、公共の場に設置される壁画は、もともとそういうものであったはず。

「ああいうものは、一銭もはらっていないのに、まるで自分のものみたいな顔をして観ていられる。ほめてもいいけど、ほめなくてもいい。悪口を言ったって、無視して通りすぎたっていいんだぞ。そこがいいんだ。」

美術品の多くは、いちど金持ちのリビングや企業の倉庫にしまいこまれたら、庶民が目にするチャンスはほぼありません。

「それじゃあ、その作品は最初から無かったのとおなじじゃないか。そうだろ？　そんなの意味ないよ。バカバカしい！」

芸術は特権的な人たちのものではなく民衆のもの。そう考えていたからこそ、太郎は絵を売らなかったのです。

「一点主義」を打ち破ろうと挑戦した、モザイクタイルの壁画。しかし意に反して二か所目、三か所目がつくられることはありませんでした。それどころか『創生』自体、その後の改装工事のときに撤去されてしまいます。残念ながら、ことは太郎がめざすとおりには運びませんでした。

もちろん太郎はあきらめません。その後もさまざまなパブリックアート*を実現していきます。そのなかには、お寺の鐘や飛行船など、美術とはおよそ無関係と思われていたものも、たくさんふくまれています。



**＊パブリックアート**　公園や道路など公共の空間（パブリックスペース）に設置された作品。

ところで、先ほど、この壁画の仕事が「太郎の表現世界が大きくひろがるきっかけになった」と言いましたが、このとき太郎はいったいどんな体験をしたのでしょう？

『創生』のモザイクタイルは、愛知県常滑の製陶所でつくられました。仕上がりのチェックのため、太郎は何度も訪れています。

「ここはもうちょっと濃いほうがいいな。このあたりまで強くしよう。」

職人たちに指示したあとは、それが直るまでなにもすることがありません。ある日、たいくつそうにしている太郎に、工場の人が焼き物用の粘土をもってきました。

「先生、たいくつしのぎにおもちしました。よろしければこれで時間をつぶしてください。」

はじめて陶土をさわった太郎は興味津々。あっという間に不思議な形が出来あがりました。丸い顔とひろげた両手。表と裏にまったくちがう顔がついている。

これがはじめて手がけた立体作品『顔』です。太郎が「立体」の世界にふみ出した瞬間でした。

いっぽう時をおなじくして、舞台装置のデザインやデパートのウインドウ・ディスプレイなど、「空間」を舞台にした表現も手がけます。太郎の表現世界は急速にひろがっていきます。

著書がベストセラーにもなりました。

「芸術は特別な人たちのものじゃない。たんに受け手として鑑賞するだけでなく、創造するべきだ。人はだれもが芸

『顔』(1952年)　花をいける花器としてつくられたが、現在は、父・一平の墓碑になっている。

術家なんだから。」

この芸術論を、だれにでもわかるようにやさしく説明した本で、タイトルは『今日の芸術』。それまで美術界のピラミッドに挑戦的な言葉をつきつけてきた太郎が、ついに一般大衆に向けて芸術を語りはじめたのです。きっかけは編集者の言葉でした。

「芸術家や評論家を相手に芸術論を説いたって、世の中は変わりませんよ。芸術なんか自分には関係ないと思っている人、生活のために毎日ひたすら汗を流している人、そういう人にこそ先生の芸術論を届けなければ。」

目標は「中学二年生にもわかるように」。じっさいわかりやすくておもしろかったので爆発的に売れました。芸術の本質をわかりやすく解説したはじめての本であったことから、多くの人に影響を与えたのです。

この本のなかで、太郎は新しい時代の芸術のあるべき姿について、次のように提唱しています。

今日の芸術は、
うまくあってはいけない。
きれいであってはならない。
ここちよくあってはならない。

これが「芸術の三原則」であると宣言したのです。

すぐれた美術作品とは「うまく、きれいで、ここちよいもの」という世間の常識とは真逆ですから、読者は最初びっくりしますが、太郎のていねいな説明を読むうちに、「たしかにそうかもしれない」と納得します。

たとえば、太郎は「きれい」と「美しい」は正反対だと言います。

花が描かれていると、ろくすっぽ見てもいないのに、合言葉のように「きれいね」と口から出てくるのは、こどものころから「花はきれいなもの」と刷りこまれているから。約束ごとにきちんとハマっているから、「これはきれいなもの」と無意識のうちに、反射的に分類しているだけ。だから、この種の「きれい」は芸術の本質とは関係がない。そしてこう言います。

「ゴッホは美しい。しかしきれいではありません。ピカソは美しい。しかし、けっして、きれいではないのです。」

太郎にとって、文章を「書く」ことは、絵を「描く」ことや彫刻を「彫る」こととまったくおなじで、区別はありませんでした。『今日の芸術』の成功で、文章が作品制作と変わらぬ表現方法のひとつになると気づいた太郎は、以後、積極的に文章を発表していきます。

さらにこの時期には、大きな転機となる出来事もありました。ついに一平・かの子と暮らした青山にアトリエを建てることができたのです。

太郎はそこを「現代芸術研究所」と名づけ、新しい芸術運動の拠点にしようと考えました。太郎は設計を坂倉準三にたくします。

「気取りはいらない。ただ広くてなにもないスペースがあればいいんだ。」

もちろん金はありません。坂倉は、ブロックを積み上げた壁に、ベニヤを曲げた屋根を乗せるだけ、というシンプルな方法で画期的な建築をつくり出しました。

これ以上はないという低予算の建築ですが、デザインはじつにシャープで美しい。ここを舞台に、いよいよ芸術運動の第二期がはじまります。一九五四（昭和二十九）年五月のことでした。この建築はいま「岡本太郎記念館」として公開されています。

# 六　縄文との出会い

「見ろ！　見ろ！　すごいぞ！」

日本での創作活動を開始して五年がすぎようとしていたころ、太郎はおどろくべきものと出会います。たまたま訪れていた上野の東京国立博物館で、なんの気なしに入ったうす暗い先史時代の展示室。ある展示コーナーに差しかかったとき、太郎はとつぜん声をあげて立ち止まりました。

「なんだ、これは！」

ガラスケースのまわりをぐるぐる回る太郎。その目はひとつの展示物に釘づけになっています。太郎の視線の先にあったもの、それは縄文土器でした。一九五一（昭和二十六）年十一月、太郎が四十歳のときのことです。

縄文時代につくられた縄文土器は、口がひろくて深い形の器で、表面は縄を転がした紋様でうめつくされ、粘土を盛りあげたり削ったりしてつくられた装飾がほどこされています。なかには大きな突起をもつ*火焔型土器のように、もはや容器としては使えないものさえありました。

「この紋様を見ろ！　はげしく、するどく、奔放に躍動しながら、もつれては解け、こつ然とまた現れる。たくましく、荒々しく、それでいて神秘的だ。獲物を追い、自然と闘いながら生きた民がつくったものにちがいない。」

激しい緊張感につつまれた縄文土器の迫力に魅了された太郎は、片っ端から文献を集めて勉強をはじめ、大学や博物館、さらには発掘現場をかけ回って写真を撮り、調べたり考えたりしつづけました。

そして出会いからわずか二か月、はやくも独自の観点で縄文土器を読

*火焔型土器　燃え上がる焔に形が似ていることから名付けられた土器。

み解いた論文を発表します。そこにはこうあります。

はげしく追いかぶさり、重なりあって、突きあげ、下降し、旋回する隆線紋（粘土を紐のようにして土器の外側にはりつけ、紋様を描いたもの）。これでもかこれでもかと、執拗に迫る緊張感。しかも純粋に透った神経の鋭さ。とくに爛熟したこの文化の中期の美観のすさまじさは、つねづね芸術の本質は超自然的なはげしさだと言って、いやったらしさを主張する私でさえ、思わず叫びたくなる凄みです

『四次元との対話―縄文土器論』

この論文は大きな反響を呼びました。縄文土器がもつ芸術的な意味や文化的な価値にはじめて光をあてるものだったからです。

もちろん当時も縄文土器の存在は知られていたし、研究もされていました。しかし、この文様とあの文様はどちらが古いか、この土器とあの土器はおなじ系統に分類していいか、といった学術研究が細々と行われ

ていただけで、一般社会とはほぼ無縁の存在でした。

そこにいきなり太郎が現れ、縄文土器に秘められた根源的な美と比類のない価値を説いたのです。

〝縄文土器は美しい。日本人が誇るべき一級の芸術だ〟

かつてこんな視点で縄文土器を見た者はいませんでした。太郎の縄文土器論は、縄文土器を造形として論じるだけではなく、そこに宿っている縄文人の精神や世界観を読み解こうとしています。残されたモノを見て、それを使っていた人々の生活や社会を推察する。まさしくそれは民族学の態度であり、方法です。パリ時代、マルセル・モースに民族学をたたき込まれた太郎だからこそ、なし得たことでした。

土器の奥に透けて見える縄文人の「こころ」や「生き方」にまでふみこんでいった太郎。太郎は先の文章のつづきにこう書いています。

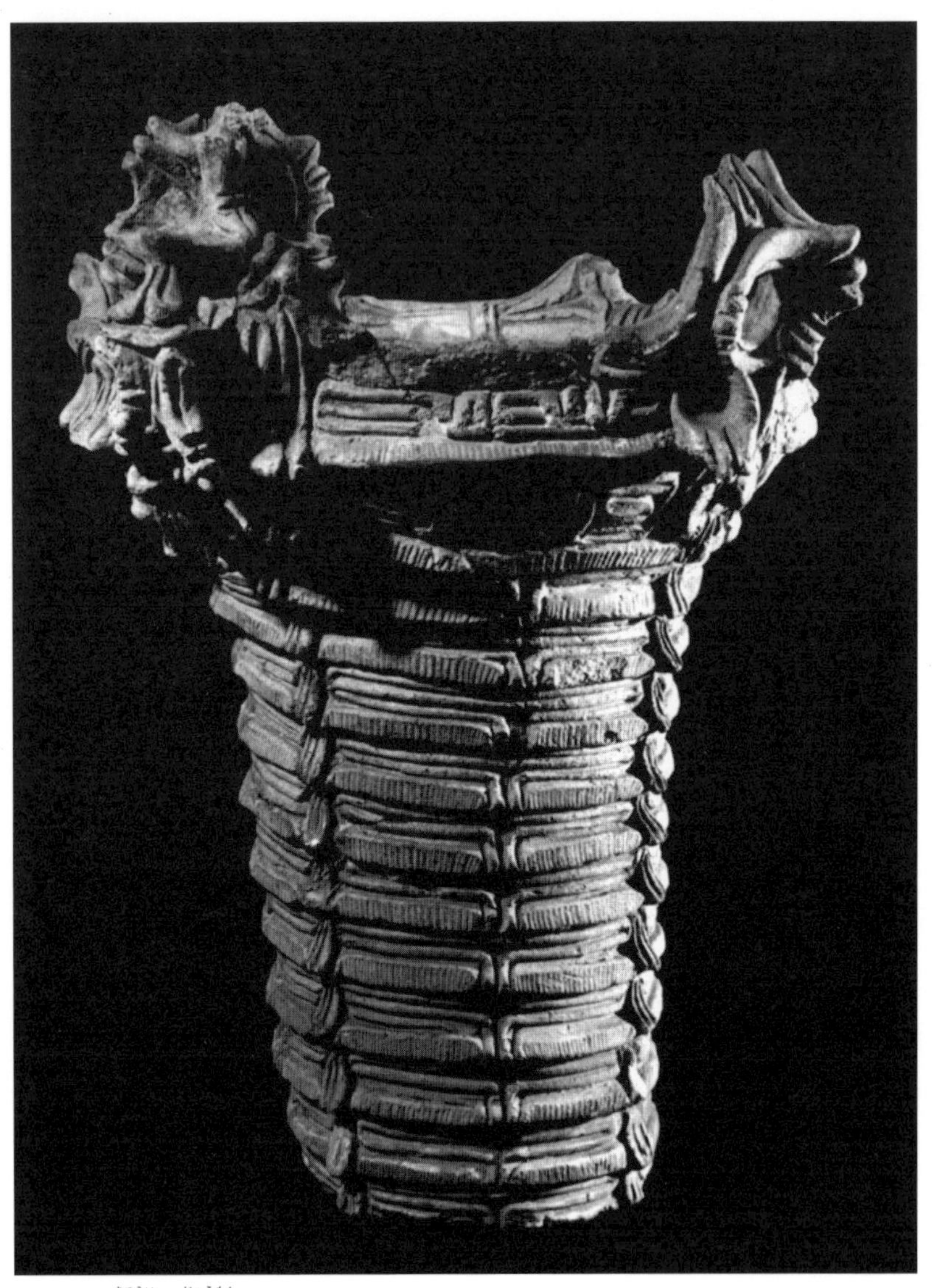

太郎が自ら撮影(さつえい)した縄文(じょうもん)土器　(1956 年)

いったい、これがわれわれの祖先によって作られたものなのだろうか？　これらはふつう考えられている、なごやかで繊細な日本の伝統とはまったくちがっています。むしろその反対物です。

なぜ太郎は縄文にひかれたのか？　じつは、太郎が縄文土器に感動した裏には、帰国したときから感じていた絶望がありました。

一九四〇（昭和十五）年にパリからもどった太郎が最初にやったこと。それは一から日本文化を学ぶことでした。

「日本で闘おう。日本で自分をかけよう！」

そう決意して帰ってきたものの、十八歳で日本を飛び出したので、日本のことをなにも知らなかったからです。太郎は帰国するとすぐに京都・奈良を訪れました。いまも豊かな日本文化の伝統が息づいていると信じていたのです。

しかし、そこで待っていたのは、生々しい日本ではありませんでした。

「日本文化を代表するように言われる京都。何百年か前まではたしかにそうだったろうが、いま残っているのは恰好だけで、生々しい現実の日本じゃない。いったいこれのどこが日本なんだ？」

太郎は失望します。日本人があたりまえのように〝日本の伝統〟と信じているもの、疑いもなく守っているものは、はたして「ほんとうの日本」なのか？　「ほんとうの日本」はいったいどこにあるんだ？

しかしいくら探しても見つかりませんでした。もしかしたら、「ほんとうの日本」なんて最初から無いのかもしれない。そう絶望しかけたとき、縄文と出会ったのです。

「これだ！　これこそが日本であり、オレ自身だ！」

太郎にとって縄文との出会いは〝日本の発見〟であり、〝自分自身の発見〟だったのです。

縄文時代、狩猟採集民族だった日本人は、自然をおそれ、自然を敬い、自然ととけあいながら生きていました。糧は闘って勝ちとらなければ手に入らない。しかし獲物はいつ現れるかわからないし、逆におそわれて殺られるかもしれない。不猟はただちに飢えをまねき、大猟なら歓喜につつまれます。

　あらゆることがぐうぜんに左右され、つねに死ととなりあわせの狩猟社会では、すべてに霊があり、超自然的な力が世界を支配していると信じられていました。そうした〝目に見えない力〟の好意と助けにすがらなければ生きていけないからです。縄文の民は、不安と恐怖にたえながら、いのりました。

「原始社会では、〝目に見える世界〟と〝見えない世界〟がじかにつながっていたんだ。」

　しかし、こうした純粋でぶ厚い生命力に満ちた縄文の精神は、弥生時代になるとこつ然と姿を消してしまいます。動物的な狩猟採集生活から農耕生活に変わったからです。闘争的な暮らしから安定した農村暮らしになり、日本人の感性は大きく変わりました。

みんなで仕事を分担し、おなじことをくり返す農耕社会では、規則が生まれ、階級ができあがります。狩猟の民だった人々は従順で勤勉な「労働力」になり、節度と安定を求めるようになりました。もはや闘争や歓喜とは無縁の生活です。幾何学的でひらべったい弥生土器を見れば、その変化は一目瞭然です。

「形態も紋様も、きわめて静的で平板だ。バランスをとることばかり考えていて、じつに消極的でなまぬるいじゃないか。」

「この農耕文化の伝統を、日本人は無意識のうちに守ってきた。それが日本人の信じる〝日本の伝統〟の正体だ。それが現代まで受けつがれ、〝灰色の世界〟につづいている。」

太郎はそう考えました。

「そいつをひっくり返さなければダメだ。たんなる美術の話ではなく、生き方そのものにかかわる問題なんだから。」

そして太郎は決意します。

「よし、こいつといっしょに闘おう！　停滞する日本文化と闘うんだ！」

日本で闘うためにパリからもどった太郎。古い価値観にしがみつく日本の美術界だけでなく、その底流にひそむひ弱でひらべったい農耕文化の精神こそが〝敵〟なのだとはっきりわかった瞬間でした。

絶望のなかで縄文と出会った太郎はさぞうれしかったにちがいありません。きっと戦友が現れたと感じたことでしょう。


しかし日本が農耕社会に移行したのは何千年も前のこと。はたしていまも日本人のなかに「縄文のこころ」は生きているのでしょうか？

太郎は答えを東北で見つけました。一九五七（昭和三十二）年、雑誌

岩手・花巻温泉（はなまきおんせん）の鹿踊り（ししおどり）
(岡本太郎撮影　1957年)

秋田・男鹿（おが）のなまはげ（岡本太郎撮影　1957 年）

の取材で全国を歩いたときのこと。最初の訪問地である秋田に降り立った瞬間から、太郎は夢中でシャッターを切りはじめます。

「なまはげ」に人間と霊が自在に交信する原始日本の名残りを、岩手の「鹿踊り」に「人間が動物を食い、動物が人間を食った時代」の儀式の伝統を見た太郎は、いまも〝見えない力〟との対話が暮らしのなかに宿っていることを確信します。一九六二（昭和三十七）年、太郎はふたたび東北を訪れ、青森でオシラさまやイタコを、山形では修験道を取材して考察を深め、独自の東北論を打ち立てました。

いっぽう二回の東北取材のあいだに、太郎はもうひとつの衝撃的な出会いを果たします。一九五九（昭和三十二）年に訪れた沖縄です。まだ米軍の占領下にあった貧しい沖縄。しかしそこには〝見えない力〟に呼びかける呪術のこころが脈々と息づいていました。太郎は、清らかに生きる沖縄の人々に、日本人の、そして自分自身の根源を見出したのです。



＊呪術　神など超自然的なものの力をかりて、様々なことを起こさせようとすることや信仰。

「これこそ、オレたち自身なんだぞ、日本そのものなんだぞ！」

太郎が見たのは、現代人が押しやってしまった〝忘れられた日本〟であり、〝ほんとうの日本〟でした。

のちに沖縄が日本に返還されたとき、太郎はこう書きました。

沖縄の人に強烈に言いたい。
沖縄が本土に復帰するなんて、考えるな。
本土が沖縄に復帰するのだ、と思うべきである。
そのような人間的プライド、文化的自負をもってほしい。

太郎は生涯をかけて「日本とはなにか」「日本人とはなにか」を考えつづけた人でした。その視線は縄文から現代まで、東北から沖縄までにおよんでいます。

とうぜんでしょう。そのためにパリから帰ってきたのですから。

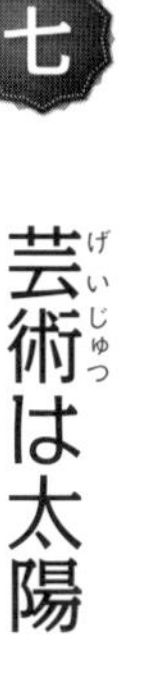

# 芸術は太陽

縄文と出会い、東北・沖縄をめぐった一九五〇年代。太郎は刺激的な作品を続々と発表していきました。

アメリカの水爆実験で被爆した、第五福竜丸をモチーフにした『燃える人』、デモ隊と警察の衝突を描いた『青空』などの絵画、焼きものの『犬の植木鉢』やコンクリートの『動物』などの彫刻、旧東京都庁舎の『日の壁』や築地の映画館に設置した『青春』などの壁画、『顔の椅子』や『サイコロ椅子』などの家具……。

新たな表現への挑戦はとどまることを知らず、ついにはヘリコプターで空に絵を描いたり、庭で奇想天外な茶会を主催したり、ガラスに描いたり、地面に描いたり……。SF映画の宇宙人や近鉄バファローズの球団マークのデザインまで手がけています。

戦後日本で創作をはじめてからわずか十年足らずのあいだに、平面から立体に進出したばかりか、空間を舞台にした作品やパフォーマンス、さらにはさまざまなジャンルのデザインまで、その表現世界はどんどんひろがっていきました。

とりわけ注目したい作品のひとつは『動物』です。やきものでしか立体をつくったことがなかった太郎が、はじめて手がけた本格的な彫刻で、幅六メートル、高さ四メートルという、とても大きなサイズなので、コンクリートでつくられました。

一瞬、なにかの動物に似ているように感じるけれど、こんな生きものが自然界に存在するわけがない。生き生きとした生命感を放射するいっぽうで、とても抽象的なにおいもある。居そうで居ない〝ヘンな生きも

アトリエで『動物』の原型を制作する太郎（1959）

『動物』（1959）
太郎がはじめて手がけた本格的彫刻作品。長野県戸倉のレジャー施設に設置された。

の〟。現実と空想が混ざりあったような、不思議な感じです。

こうした具象と抽象が同居する独特の立体感覚は、岡本造形の特徴のひとつで、その後の彫刻作品にも受けつがれていきます。

「遊ぶときには、こどもも大人もない。だから無邪気なものをねらったんだ。」

太郎がそう語った『動物』は代表作のひとつですが、設置後しばらくして発生した群発地震で全体にひびが入り、やむなく撤去されてしまいます。

しかし太郎は、この作品を皮切りに、公共の場所に立つパブリックアートをつぎつぎに実現させていきました。

一九六二（昭和三十七）年には、母かの子が生まれ育った、川崎の多摩川河畔に、文学碑『誇り』を建立します。

「これは岡本かの子の文学碑だが、かの子だけのものじゃない。純粋に

*具象　目に見える姿や形をもっていること。

闘い、生き、破れながらも自分をつらぬいた人間すべてをたたえているんだ。」

「世の誤解が生涯にわたって彼女を苦しめた。でも、そうであるがゆえに、彼女は誇らしく生きぬいた。だから〝誇り〟にしたんだよ。」

二年後、今度は東京・代々木の体育館に『眼』『競う』ほか八点の壁画を制作します。太郎がつくった壁画は、陶板とモザイクタイルを組みあわせたもので、各作品の幅は八～十二メートル、高さ三メートル、使用された陶板は全部で二五〇〇枚にもおよぶ大作です。

その翌年には、名古屋の久国寺というお寺から釣鐘を依頼され、『歓喜』という作品をつくりました。腕がツノのように四方八方にニョキニョキと生えた前代未聞の鐘です。

昔から梵鐘（お寺の釣鐘）の形はみんなおなじ。きっといい音で鳴らすにはあの形がいちばんいいのでしょう。でも、太郎にはそれがおもし


**＊代々木体育館** 丹下健三が東京オリンピックのために設計した競技場で、戦後日本を代表する名建築。

ろくありません。

「どうせつくるなら、古今東西どこにもなかったようなものにしたい。決まりきった形の表面を多少飾り立てたところでなんになる？　それじゃ、オレがやる意味がないだろ？」

　太郎がつくった八分の一の原型を見た鋳造技術者は絶句しました。

「うむ……。まともな音が出るかどうか……。いちおうやってはみますが……。」

　ところが、できあがった鐘から出た音はおどろくべきものでした。音色が微妙にからみあい、複雑に反響しながら不思議な響きをかもし出したのです。しかもツノをたたくとそれぞれにちがう音色が鳴り、まるで楽器のようです。

　太郎が前例にとらわれずにつくった鐘『歓喜』は、たんに形が独創的というだけでなく、本来の機能である「音」まで、過去にないもの

『歓喜』（1965 年）　名古屋の久国寺の釣鐘。いまも独特の音色を響かせている。

になっていました。

さらに、一九六六(昭和四十一)年には、東京・数寄屋橋に高さ七・五メートルの時計台をつくりました。

「人間は本来、八方に情熱をほとばしらせて生きたいはず。その若々しくひらいた姿をここに打ち出した。これは無邪気ないきもの。時間をぬくぬくと食べて、笑ってるんだよ。」

太郎がこの躍動的な時計につけた名前は『若い時計台』。

このように、一九六〇年代に入ると、太郎は次から次へとパブリックアートを社会に送り出していきました。「芸術は民衆のもの、生活のなかで生かされるべきもの」と考える太郎にとって、そこに行きさえすれば、いつでも誰でもタダで観られるパブリックアートは、とても重要な意味をもっていたからです。

〝芸術は無償・無条件〟

それが太郎の考えでした。

「芸術は太陽とおなじだ。太陽は熱も光も、無限に与える。ひなたぼっこしても、〝おい、あったかかったろう。じゃ、いくら寄越せ〟なんて、手を差し出したりしないだろ?」

「生活のなかに生命感のあふれる遊びがない。それが現代の空虚さをつくっている。つまり芸術が欠けているんだよ。」

生命感のあふれる遊び。太郎にとって、そのひとつはスキーでした。はじめたのは、なんと四十六歳になってから。初日、いきなりリフトで頂上にのぼり、上級者コースをものすごいスピードで転がり落ちました。それを見た周囲の人たちはあっけにとられますが、本人はそのスリルがたいそう楽しかったようで、以来、スキーの魅力にとりつかれます。

「猛烈な斜面に体を投げ出していくときの、腹の底が冷えあがるようなスリルがたまらないんだ。」

危険に向かって、無条件で生身をぶつける。無目的な挑み。命がけ。縄文時代、不安と恐怖に打ち勝って獲物をしとめたときに歓喜が訪れるのに似ているし、絶望的な状況に無目的に挑む姿勢は、四番目主義にも通じます。熱中したのは、そこに恐怖があったから。太郎のスキーはいつも真剣でした。

一年のうち限られた時期にしか滑れないスキーを、太郎はこのシーズンに凝縮された〝祭り〟だと言いました。祭りが大好きだったのです。全霊をかけてパブリックアートに取り組んだ太郎。スキーや祭りに無条件で生身をぶつけた太郎。芸術は太陽だと信じた太郎。

すべては「芸術は無償・無条件」という信念がそうさせたことでした。

# 八 反博の巨像

一九六〇年代後半、太郎の表現世界はいっそうひろがり、時計やライターといった小さな製品から展示空間の構成・演出、さらには建築物にまで展開していきます。

パブリックアートやデザインを通じてどんどん社会に出ていった太郎は、すでに多くの庶民が知る存在になっていました。

言動が過激でおもしろく、かつてないキャラクターだったことから、テレビ、新聞、雑誌などでひっぱりだこ。ますます有名になった太郎は、一種の文化人タレントのようにあつかわれていきます。

もちろん美術界との対決はつづいていました。

「また岡本太郎か！　チャラチャラしやがって！　ふざけるな！」

しかし、もはやサシで勝負しようとする者はいませんでした。ケタ外れの知識と経験をもつ太郎に対して、真っ向から勝負を挑んでも勝ち目がないからです。残る手はひとつしかありません。「無視」です。いじめのように、太郎は美術界から徹底して無視されました。

美術界では無視されているのに、大衆には人気がある。こうした奇妙なねじれは、岡本太郎という芸術家のユニークな特質であり、岡本芸術の本質を表すものです。

一九六七（昭和四十二）年初夏、そんな太郎に最大のチャンスが訪れます。万国博覧会のプロデューサーを引き受けて欲しいとたのまれたのです。

万博とは、世界各国が自国の技術や文化を持ち寄る〝文化のオリンピック〟のようなイベントです。十九世紀半ばにロンドンで誕生して以来、欧米先進国が競うように開催してきました。

万博は世界が共同して行うイベントです。万博を開くことがゆるされるのは、国際社会に一流国と認めてもらった証明のようなもの。この時点で、アジアでは一回も開かれていませんでした。

敗戦から立ち上がり、一九六四（昭和三十九）年の東京オリンピックを成功させた日本は、アジアではじめての万博を成功させることで、戦後の「新しい日本」を国際社会に大きくアピールしようと考えたのです。

こうして一九七〇（昭和四十五）年に「日本万国博覧会」、通称「大阪万博」が開かれました。三三〇ヘクタールという巨大な会場に世界のパビリオン（展示館）が建ち並ぶ光景は、かつて見たことがない壮大なものでした。

一番人気は、前年に人類をはじめて月に送ったアメリカで、アポロ12号がもち帰った「月の石」や月着陸船など、最新の宇宙開発技術をアピール。対するソ連（現在のロシア）もさまざまな宇宙船や人工衛星などをもちこんで、人気を博しました。

ほかにも、ロボット、コンピューター、レーザー光線など、はじめて目にするものばかり。会場をうめつくしていたのは「未来」でした。いきなり未来が舞い降りたのですから、日本人が熱狂したもの無理はありません。来場者数は六千四百二十一万人。当時の人口は一億人をわずかに超える程度だったので、日本人の半数以上が足を運んだ計算です。

万博の中心には「テーマ」があります。テーマとは「この問題についてみんなで考えようぜ！」と各国に呼びかけるもので、大阪万博は『人類の進歩と調和』を掲げていました。

太郎が依頼されたのは、このテーマについて主催者の日本万国博覧会協会（万博協会）が、どう考えているのかを説明する「テーマ館」をつくること。万博にとって極めて重要なパビリオンです。ぜったいに失敗のゆるされないこの大きな仕事を、太郎に託すことに決めたのです。

「先生以外、ほかには誰も考えていません。十億円の予算をぜんぶおわたしして、すべてをお任せします。もし一枚絵を描いて、これがテーマだよとおっしゃるなら、それでも結構です。」

そう言って万博協会の事務総長がプロデューサー就任をせまりました。さすがの太郎も、この台詞にはあぜんとしたようです。ここまで言われれば、太郎だってうれしかったにちがいありません。

しかも太郎は、万博がいかに影響力のあるものなのかを知っていました。パリ時代に一九三七（昭和十二）年のパリ万博を見ているからです。一千万人単位の群衆が押し寄せる万博は、パブリックアートをやりつづけてきた太郎にとって、とても魅力的な舞台に見えたはず。

しかし太郎は首を縦に振りませんでした。多くのスタッフを動かし、役人ともうまくやらなければならないなんて、自分にはとうてい無理だと思ったからです。周囲の人もひとり残らず反対しました。

「〝お上〟のお先棒をかつぐなんて、そんなことをしたらおしまいだ。しかも、成功すれば成果はみんなのものだが、失敗したらぜんぶあなたのせいにされるんだ。傷を負うだけで、得はない。おやめなさい。」

信頼する者たちにそう言われ、太郎の心は決まりました。

「よし、それならやってやろうじゃないか！」

けっして天邪鬼なのではありません。人生の分かれ道に立ったとき、こっちは不利だし損だ、という方をかならず選ぶと決めていたからです。それが自らに課したスジでした。太郎はよくこう言っていました。

「一度や二度ならだれでもできる。大切なのは〝いつも〟〝かならず〟そうするということ。一度でも有利な方、楽な方、得する方を選んだら、その瞬間に、それまで積みあげてきたことがすべてご破算になるんだよ。」

一九六七（昭和四十二）年七月、太郎は記者会見を開いてテーマプロデューサーへの就任を発表します。開幕まで残すところ二年八か月。すでにギリギリのタイミングになっていました。

ところが太郎は、会見の翌日から二か月にもおよぶ中南米旅行に旅立ってしまいます。以前から決まっていたテレビ番組の取材でした。

旅のあいだ、太郎は行く先々でデッサンをくり返し、太陽の塔のイメージを固めていきました。九月初旬に帰国したときには、すでにあの形はできあがり、十月末には立体原型も完成。『大屋根』の模型のなかにセットされます。

『大屋根』とは、会場の真ん中をつらぬく「シンボル・ゾーン」の中心施設。幅百八メートル、奥行き二百九十一メートルの巨大な屋根で、下にある「お祭り広場」の上空三十メートルの高さにかけられていました。

内部に人間が入れる大屋根は、やがて人類は空中に住めるという未来の「空中都市」を表現したものです。考え出したのは丹下健三。大阪万博のプロデューサーとして、会場建設の総指揮をとっていました。大屋根の模型を見た太郎は、すぐにアイデアがわきあがってきました。

「よし、こいつをボカン！と打ち破ってやろう。平たい大屋根にベラボーなものを対決させるんだ。屋根が三十メートルなら、こっちは七十メートル。大屋根を生かすには、そうするしかない。」

大屋根の真ん中に穴を開け、そこから太陽の塔をつき出す。それが太郎の思い描いたプランでした。巨大な建造物のド真ん中に、巨大な塔をつき立てる。太郎らしいダイナミックな発想です。

それにしても、なぜ〝未来の空中都市〟に〝ベラボーなもの〟をぶつけなければならないのでしょう？　どうしてそれが〝大屋根を生かす〟ことになるのでしょうか？

大屋根と太陽の塔は性格がまるでちがいます。大屋根が「技術の進歩が新しい未来をつくる」ことをうったえているのに対して、土偶怪獣のような太陽の塔には未来をたたえようとする意志がまったく感じられません。

十九世紀に生まれたときから、万博は「技術がひらく夢の未来」をアピールするイベントでした。「空中都市」という未来の夢を語る大屋根も、まさしくこうした〝万博の思想〟を表現するものです。

しかしそんなことは露ほども信じていない太郎は、そうした進歩主義の対極というべき〝土偶怪獣〟をあえてつき立てました。

「矛盾と緊張が火花を散らすなかにしか芸術はない。対立は大きければ大きいほどいいんだ。」

そう考えていた太郎は、大屋根に太陽の塔を投げ入れることで対立と矛盾をつくり出し、大屋根を芸術のレベルに引き上げようとしたのです。それは太郎の考える「調和」の姿でもありました。

大阪万博シンボルゾーンの「大屋根」と太陽の塔

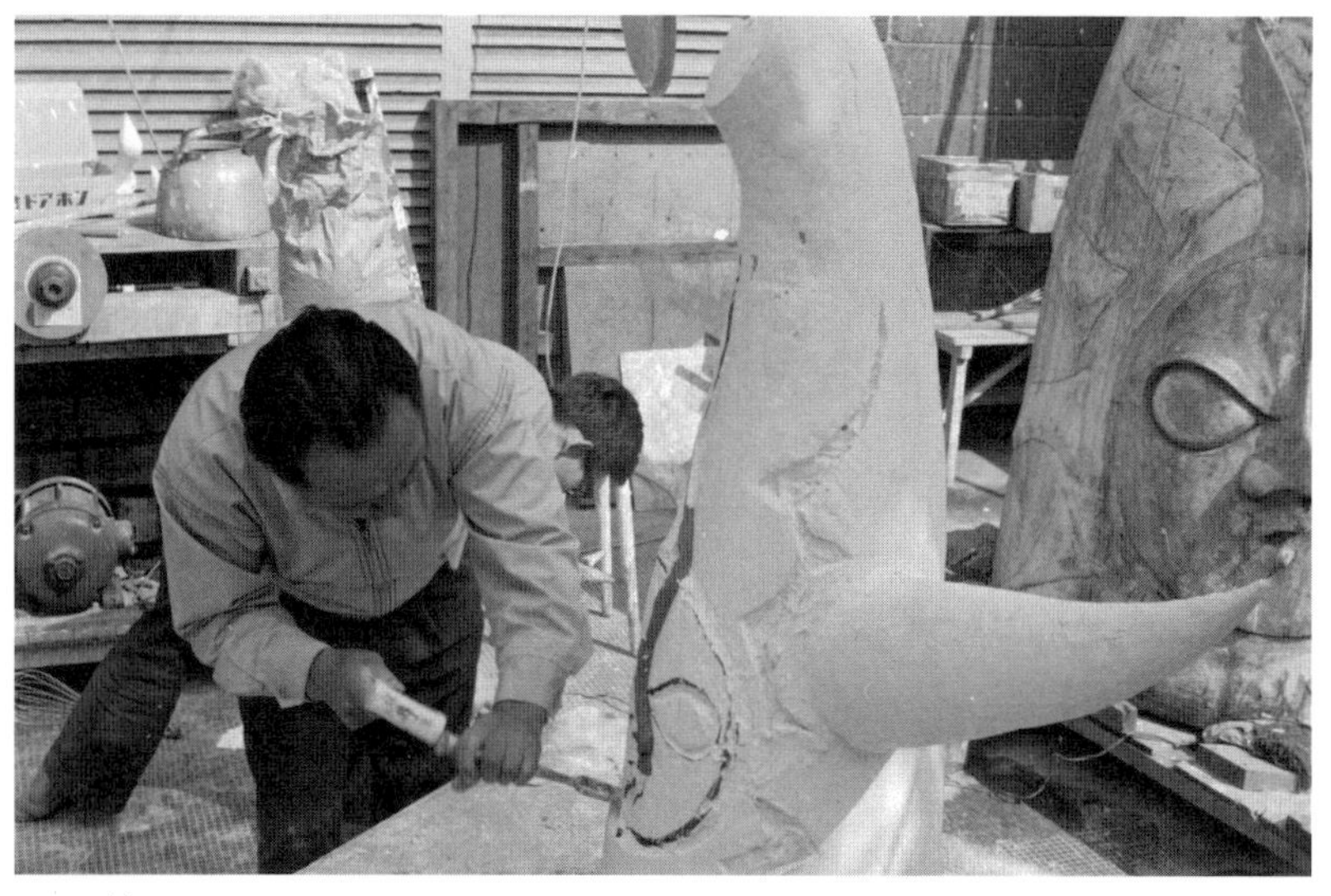

太陽の塔の原型を製作する太郎（1967年）

「みんなが少しずつ自分を殺して、頭を下げあって、うまく話をまとめる。そんななれあいの調和なんていやしい。ガンガンとフェアにぶつかりあって、闘って、そこに生まれるのがほんとうの調和だ。闘わなければ調和は生まれない」

大阪万博のテーマは『人類の進歩と調和』。大屋根と太陽の塔の衝突は、太郎流の「調和」の表現でした。ではもういっぽうの「進歩」についてはどう考えていたのでしょう？

「人類は進歩なんかしていない。なにが進歩だ。縄文土器のすごさを見ろ。*ラスコーの壁画だって*ツタンカーメンだって、いまの人間にあれがつくれるか。」

だから太陽の塔をつくったんだ。太郎はそう言いました。

「〝進歩と調和〟というわけで、テクノロジーを駆使したキラキラピカピカしたものばかりになることは目に見えていた。それに対してガツー



**＊ラスコーの壁画**　フランス・モンティニャックにある洞窟の中に、約2万年前に描かれた壁画。
**＊ツタンカーメン**　古代エジプトの王。その墓からは、黄金のマスクが発見されている。

ンと正反対のもの、太古の昔から、どんとそこに生えていたんじゃないかと思われるような、周囲とまったく調和しない、そういうものをつきつける必要があったんだ。」

当時、反体制の前衛芸術家や学生などのあいだに「反博」という言葉が流行っていました。万博反対、略して「反博」。

「万博をぶっ潰せ！　万博反対！」

じつは万博のプロデューサーを引き受けたときから、太郎は大きな批判を浴びていました。連日のように非難する電話がかかり、親しかった友人が手のひらを返したように去っていきました。

反権威、反権力の先頭を走っていたはずの太郎が、国家権力の手先に寝返ったと思われたからです。

しかしなにを言われても、太郎は笑っていました。

「反博？　なに言ってんだい。一番の反博は太陽の塔だよ。」

# 九 生命の空間

太陽の塔は、いまもどっしりと立ちつづけています。両腕を大きくひろげ、三つの顔で世界を見つめる異様な姿は、一度見たら忘れることができません。

不思議なのは、圧倒的な存在感で見る者をひきつけるのに、なにを表しているのかさっぱりわからないこと。観音像、大仏像、キリスト像など、世界にはさまざまな巨像が立っていますが、「意味がわからない」ものなどひとつもないでしょう。

太陽の塔とはなんなのか？　残念ながら、答えは闇の中です。つくった本人がなにも語っていないからで、もしかしたら太郎自身も説明できないのかもしれません。

しかし、太陽の塔を発想したときに太郎がどんなことを考えていたのか、ならわかります。

> 中央に、過去、現在、未来を貫いて脈々と流れる人類の生命力、その流れ、発展を象る五本の塔を建てる。おのおのは独自の生き方のまま誇らかな、人間の尊厳を象徴してそそり立つ

「過去、現在、未来」を表現するため、太郎は太陽の塔に三つの顔を取りつけます。団子鼻の腹の顔は「現在」を、頂上の黄金の顔は「未来」を、背中の黒い顔は「過去」を表しています。そして、この三つを貫いて流れる「人類の生命力」を形にしたもの、それが太陽の塔なのです。

「プロデューサーを引き受けたとき、その中核に人間であることの誇り、生きていることのよろこびを爆発させたいと思った。」

こんなことを考えるプロデューサーは、世界のどこをさがしてもぜったいにいません。万博のパビリオンが競いあっているのは「技術がひらく夢の未来」であって、「人間であることの誇り」や「生きていることのよろこび」などではないからです。

ところが、太郎が真っ先に考えたのは「人類の生命力」と「人間の尊厳」でした。太郎がいかに場ちがいなことを考えていたかがわかります。

太郎の仕事はテーマ館をつくること。太陽の塔は外観だけの大きな彫刻ではありません。内部に展示空間をもつ建築です。

ではいったいどんな展示をつくり、なにを見せたのでしょうか？

テーマ館は、最初に地下の三つの展示ゾーンを歩き、つづいて塔内に入って展示を見ながらエスカレーターをのぼり、さらに大屋根の内部を一周して地上に降りてくる、という壮大な仕掛けになっていました。

　地下展示『過去─根源の世界』の、最初のゾーンは〈いのち〉。遺伝子やタンパク質など生命を支える神秘の物質が、五億倍に引きのばされて空間いっぱいにひろがっています。

　人間の根源をつくっているもの、わたしたちのなかに脈々と受けつがれているもの。太郎は、日本人の血の中に刻まれている〝記憶〟の話からテーマ展示をスタートさせました。

　つづくゾーンは〈ひと〉。自然をおそれ、自然をうやまい、自然ととけあって生きた狩猟採集時代の闘いのドラマが、空間全体を使って描かれています。不安と恐怖にたえながら「見えない力」に呼びかけていた時代の誇らかな生き方を、芸術的に表現しているのです。

　そして〈いのり〉へ。世界のすみずみから集めた仮面と神像がむきだしのままうかぶ〝神々の森〟のような空間です。神、精霊、呪文、まつりの喧噪、手拍子、足ぶみ、太鼓の音……。まさしく「見えない力」

**地下展示**〈いのち〉
生命の根源が観客を包む

**地下展示**〈ひと〉
自然と生きる人々のドラマ。

**地下展示**〈いのり〉　中央に『地底の太陽』が見える。

と対話する〝呪術〟の世界を暗示しています。

祭壇中央でこの儀式を司っているのが、太郎自身がつくった巨大な仮面『地底の太陽』です。ふたつの眼を大きく見開いていますが、口も鼻もありません。にぶく光る姿は、不気味でもあり、神々しくもあります。

こうして見てくると、太郎が心血を注いだテーマ展示には〝裏のテーマ〟がかくされているように思えてなりません。

「技術がひらく夢の未来」を語る代わりに、

「縄文の精神を呼びさませ！」

「根源的な情熱を呼びおこせ！」

「誇らかな人間の尊厳をとりもどせ！」

万博という世紀の大舞台を使って、太郎は、日本人にこのメッセージを届けようとしたのではないかと思います。

地下展示を後にした観客は、いよいよ太陽の塔の内部へと進みます。

塔の中心にあるのは、高さ四十五メートルの巨大造形『生命の樹』。一本の樹に、アメーバなどの単細胞生物から人類まで、生物進化の過程をたどる生きものがびっしりと貼りついています。

この周りをエスカレーターでのぼりながら、生命誕生のときからいまにつづく生命の生長と変貌を間近に見ていく、という仕掛けです。

地下から空へと伸びる生命の時間。

根源から未来未来へと向かう生命力の躍動、そして生命の尊厳。

日ごろ太郎が考えていたことが、そのまま形になっています。

この『生命の樹』がうったえていることもまた、万博の思想とは正反対です。万博は進化＝進歩をたたえるイベントですが、太郎は「足元を見ろ」「根源を見ろ」と言っている。まさに対極のメッセージです。

「生命の樹は太陽の塔の〝血流〟なんだ。」

太郎はそう言っていました。さらに壁の赤いひだは〝脳のひだ〟であ

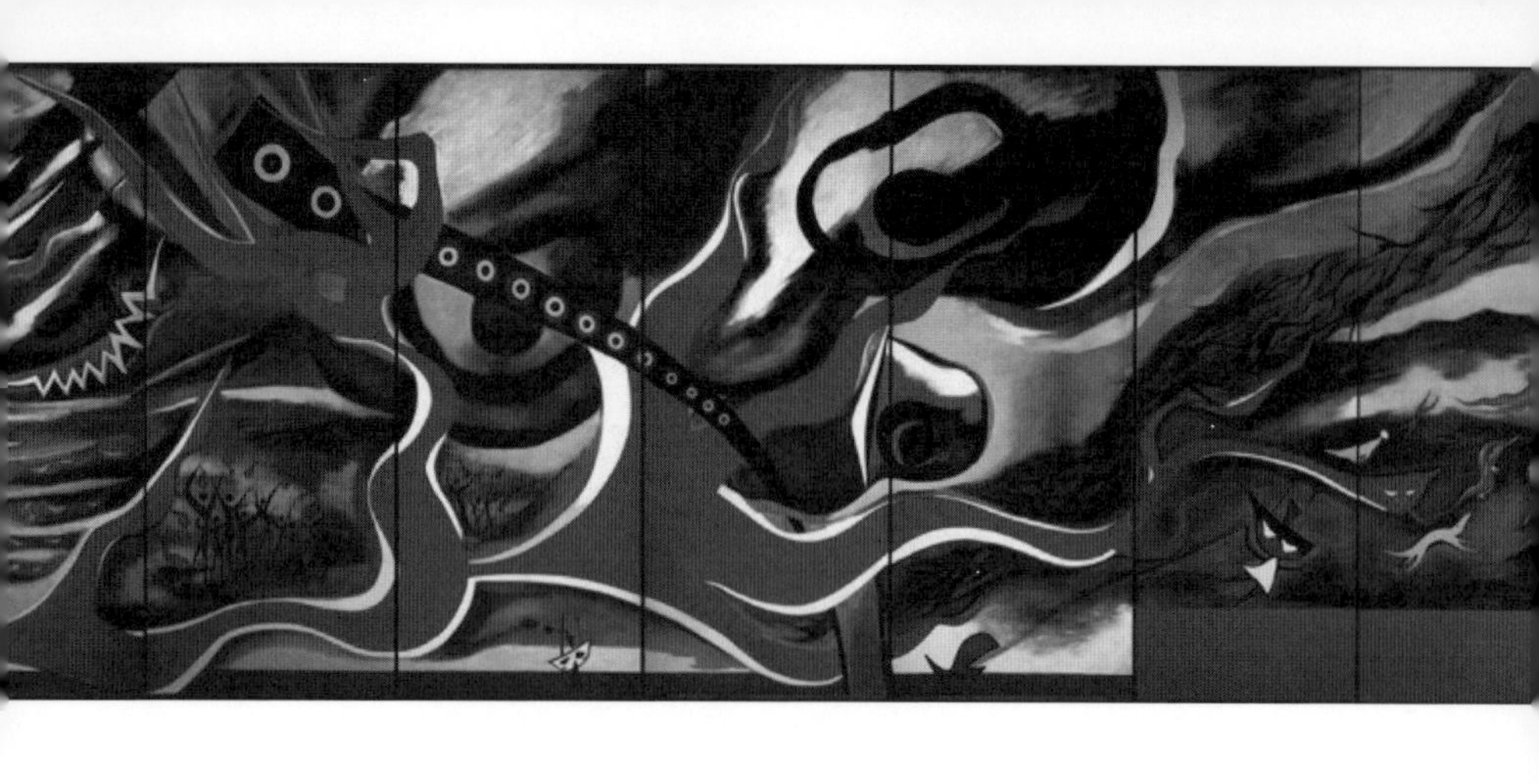

るとも。『生命の樹』や赤いひだは太陽の塔の〝内蔵〟なのです。つまり太郎は当初から太陽の塔を、臓物をもつ〝生きもの〟と考えていたわけです。
「生きとし生けるものはすべて、いのちの流れ、いのちのエネルギーに支えられている。その姿を表現したものが生命の樹なんだ。」
太郎が民衆に問いかけたかったもの。それは〝いのち〟でした。

じつはこのとき太郎は、太陽の塔と併行して、いのちのエネルギーを考えるもうひとつの大作に取り組んでいました。幅三十メートル、高さ五・五メートルもある巨大な壁画『明日の神話』です。現在は

**『明日の神話』（1969年）** 長らく行方不明だったが、2003年にメキシコシティで発見され、2006年に日本で修復が完了した。

渋谷駅の連絡通路に設置されているので、見たことがある人も多いでしょう。

メキシコシティに中南米一のホテルを建設していた実業家からたのまれたものです。太陽の塔とおなじように、万博プロデューサーへの就任翌日から出掛けた中南米旅行のあいだにアイデアを固めた太郎は、帰国直後から原画の仕上げを行っています。二つの巨大作品はまるで車の両輪のように、併行して制作が進んでいきました。

たとえば、帰国の四日後に、太郎は太陽の塔の最終スケッチを描いていますが、おなじ日、『明日の神話』の最初の原画を描きはじめています。

ふたつの作品は、同時に考えはじめ、同時にアイデアが固まり、同時に制作がはじまったことがわかります。

『明日の神話』に描かれているのは原爆が炸裂する瞬間です。

凶悪なキノコ雲、すべてを焼きつくす火炎、にげまどういきものたち、炎につつまれる人間、なにも知らずにマグロを獲っている第五福竜丸……、そして画面の中央には燃えあがる骸骨。

原爆というドス黒い力が牙をむいた残酷な瞬間ですが、この絵はたんに悲惨な出来事があったことを記録するものでもなければ、それを被害者として告発するだけの絵でもありません。

「負けないぞ!」

中央の骸骨は、核に焼かれながらも原爆に真正面から挑み、自らの悲惨な境遇を誇らかに笑い飛ばしています。残忍な力が炸裂した瞬間に、それとおなじだけの激しさとエネルギーで、人間の誇りが燃えあがっているのです。

「ひとは、こんなに残酷な悲劇でさえものり越えられる。そこに明日の神話が生まれるんだ。」

人間、誇り、尊厳、生命力、いのち……。『明日の神話』には、太陽の塔とおなじ情熱が注がれています。やはりふたつの作品の根っこは、おなじなのかもしれません。

中南米からの帰国直後から、万博の仕事で多忙をきわめた太郎は、スケジュールの合間をぬって何度かメキシコにわたり、『明日の神話』を仕上げました。

一九六九（昭和四十四）年、作品は建設中のホテルのロビーに仮設置され、あとは工事完了を待つばかりに。ところが、ホテルは一向に完成しないばかりか工事は止まり、実業家が破産してしまいます。しばらくその状態で放置されていた『明日の神話』は、その後取り外されて、各地を転々としたあげく、行方がわからなくなってしまいました。

いっぽう日本では、一九七〇（昭和四十五）年三月に大阪万博がはなやかに開幕します。戦後日本が命運をかけた国家の祭典は、全国をまきこむ熱狂をつくり出していました。

メインゲートを入った先には〝空中都市〟と太陽の塔がそびえたっています。「夢の未来」に穴を開けて頭をつき出すベラボーな土偶怪獣。

工事がすべて終わり、丹下健三と太郎が大屋根から階段で降りていたときのこと。太陽の塔に大屋根をつき破られた丹下が、おだやかな口調でこう言いました。

「不思議だねえ。どうしてこれが、こんなに良く見えるのかなぁ？」

すると太郎はニコニコしながら、こう答えました。

「そうだろ？　このスケールだからいいんだ。こうでなきゃダメなんだよ。」

半年後の九月、歴史的な成功を収めて万博が終わりました。その後、大屋根と太陽の塔はしばらく放置されていたのですが、一九七五（昭和五十）年になって、太陽の塔は永久保存、大屋根は撤去が決まります。

こうして太陽の塔は、ひとりぼっちになってしまいました。大屋根やパビリオン、なにより「万博の思想」に対決のエネルギーを放っていたのに、みんな消えてしまい、ひとり孤独に立たされることになってしまったのです。

大屋根が姿を消したあと、太郎は一度だけ跡地を訪れました。

「大屋根を失った太陽の塔は、これからいったいなにと向きあうんですか？」

現地を案内した人がそう聞くと、太郎は即座にこう答えました。

「宇宙だ。」

太陽の塔は今日も、ひとり孤独に宇宙に向かって手を広げています。

万博記念公園に立つ太陽の塔　いまも人々のこころをひきつけている。

## 十 いま生きる遺産

　大阪万博の成功とともに、太陽の塔は国民的な存在として認知され、太郎自身も、知らぬ者のない日本一有名な芸術家になりました。

　万博が終わると、太郎には以前にも増してさまざまな依頼が殺到するようになります。美術界とは縁のない人々が作品をつくって欲しいと列をなし、テレビや新聞、雑誌などへの出演依頼があいついだのです。

　たとえば、デパートの壁を巨大な〝光る立体壁画〟で覆ったり、彫刻のような遊び場をデザインしたり、雪で巨大な彫像をつくったり……。

　昔からだれもやっていないことに挑戦するのが大好きだった太郎は、おもしろがって、それまで美術とはみなされていなかった分野に、どんどん出ていきました。

テレビにもひんぱんに出るようになります。あの強烈なキャラクターがテレビ映えすることに気がついたテレビ界の人たちが、競うように太郎を起用したのです。

一度に何百万人、何千万人という大衆に語りかけられるテレビは、民衆に直接働きかけていた太郎にとって、新しい武器になり得る強力な道具。太郎は、積極的にテレビの世界にわけ入っていきました。

いっぽう太郎を〝新種のタレント〟としてあつかいたいテレビのつくり手たちは、奇抜な言動やおもしろい反応を期待して、番組をつくりました。バラエティ番組で芸人にいじられたり、おもしろおかしくモノマネされたり……。

「芸術はバクハツだ！」

眼をむいて叫ぶシーンが、まるで流行りのギャグのようにくり返し放映され、やがて太郎は〝ちょっとオカシイ芸術家〟〝奇人変人〟という色眼鏡で見られるようになります。しかし世間の評判などまったく気にしない太郎は、テレビに顔をさらしつづけました。

そしてついにＣＭにまで登場します。あるウイスキーのＣＭでは、彫刻刀で一生懸命なにかを彫っていた太郎が最後にひとこと、

「グラスの底に顔があってもいいじゃないか！」

太郎がつくっていたのはウイスキーグラスで、底に顔が彫られていました。ウイスキーを注いで口元に傾けると、こはく色にゆれるウイスキーの奥で、チャーミングな顔が生き生きと表情をゆらす。かつてだれも見たことがないグラスです。この『顔のグラス』のＣＭは大ヒットし、ウイスキーは売り上げを大きくのばしました。

問題は、このグラスが一本に一個ついてくるオマケだったこと。話を聞いた友人は、みな大反対しました。

「そんなことをしたら、〝私はタダでばらまくオマケをつくるレベルの作家です〟と宣言するようなものじゃないか。自分で自分の価値を下げてどうする。バカなことはおやめなさい。」

しかし太郎はまったく耳を貸しません。

「タダのどこが悪いんだ。タダ、いいじゃないか。タダだから誰でも手に入る。つかれて家に帰ってきて、〝これ、いいなあ〟とニコニコしながら一杯やる。みんなうれしくなる。それのどこが悪いんだ!」

芸術は金持ちやエリートだけのものじゃない。

芸術は民衆のもの。みんなのもの。生活のなかにあるもの。

芸術は無償・無条件。太陽のようなもの。

芸術は生命感のあふれる遊び。

『顔のグラス』には、芸術に対する熱い思いがこめられていました。

芸術を生活の中に届けようとした太郎は、ほかにもさまざまな製品のデザインを手がけています。スキー板、照明器具、ティーセット、ライター、ネクタイ、スカーフ、バッグ……。

　太郎ならではの大きな仕事にも挑戦しています。なかでも画期的だったのは、全長五十六メートルの飛行船に絵を描いたことでしょう。

日本で飛行船を飛ばす計画があることを、たまたま耳にした太郎が、

「灰色の機械がわがもの顔で人間の頭のうえを飛ぶなんておもしろくない。オレだったら、目や口をつけて、魚だか鳥だか人間だかわからない絵を描く。その方が楽しいじゃないか。」

と、酒を飲みながら話していたら、いざ計画が実現する段になって、ほんとうにたのまれてしまったのです。

　できあがったデザインは、色とりどりの原色がうねり、画面全体が生命力に満ちた、いかにも太郎らしいもの。シルバーのかたまりだった飛

行船が、まるで生きもののように躍動しています。

飛んできた飛行船を見て、こどもたちがみんな喜んでいる、と聞いた太郎は、とてもうれしそうにしていたそうです。

太郎はこどもの純粋な眼を信頼していました。

「こどもはみんな天才だ。」

太郎はこどもの描く絵が大好きでした。学校の先生はこどもたちに絵を教わるべきだ、と言っていたくらいです。

「幼い子が絵を描くところを見てごらん。グリグリっと色を塗りたくり、ほとばしるように線を引く。自分からあふれ出るものがそのまま形や色になっているんだよ。」

ところが、大きくなるにつれて、おとながそれを押さえつけ、〝上手く〟描くように仕向けます。

一見こどもに理解があるふうを装いながら、じつは上から見下ろす態

『飛行船に絵を描く』（1973年）
飛行船とアートの競演は世界にも例がない。

度で接するおとながたくさんいます。それを見ると、太郎は無性に腹が立ちました。こどものころに先生をにらみつけていたときとおなじです。

「こどもとおとなは対等だ。知識や経験はおとなのほうがたくさんもっているかもしれないけれど、だからといってえらいわけじゃない。」

心の底からそう思っていたのです。太郎は生涯こどもの眼をもちつづけた人、そして純粋なこどもとして生きつづけた人でした。

そんな太郎が晩年につくった作品のひとつに『こどもの樹』がありま す。十四の顔が一本の樹からニョキニョキと生えている、見ているだけで楽しくなる彫刻作品です。笑っている子、怒っている子、泣いている子、アッカンベーをしている子……。四方八方に枝をのばし、それぞれの顔がのびたい方に自由にのびています。

「こどもはひとりひとりみんなちがう。笑いたい子は一日中ニコニコしていればいいし、怒っているなら怒ればいい。まわりを気にして我慢する必要なんてないんだ。」

そんな太郎の声が聞こえてきそうです。

一九九〇年代になると、太郎はあまり外に出なくなりました。高齢にくわえて、パーキンソン病という病をわずらったからです。

もちろん創作はつづけていました。最後の作品の『雷人』を見ても、ほとばしる情熱とエネルギーが、画面全体からふき出し、まさに太郎そのもの。

「老いるとは、おとろえることじゃない。年齢とともにますますひらき、ひらききったところでドウと倒れるのが死なんだ。」

一九九六（平成八）年一月七日、その言葉どおり、太郎は「岡本太郎」をやりとおし、そしてドウと倒れました。八十四歳でした。

# おわりに

平野　暁臣

太郎の死後、今度は岡本敏子の闘いがはじまりました。岡本太郎をもういちど復活させ、次の時代にきちんと伝える闘いです。

「〝岡本太郎〟がこの日本に生きていた。それは奇跡よ。あんな人はもう二度と現れないでしょう。だから忘れちゃダメなの。」

敏子はそう言って、テレビや新聞で太郎を語り、著書を次々に復刊させ、講演で全国を飛び回りました。さらに没後二年で岡本太郎記念館を開館。翌一九九九年には、川崎市岡本太郎美術館をオープンさせます。

敏子のまいた種はしっかりと芽吹き、いまでは太郎を知らなかった若い世代にも「岡本太郎」は知られるようになりました。

歴史の彼方に消え去ろうとしていた作品も、次々と復活をとげています。悲惨な状態で見つかった『明日の神話』は、いまでは渋谷駅で一日三十万人の乗降客を見下ろしていますし、半世紀のあいだ放置されてきた太陽の塔の内部空間も再生を果たし、一般公開がはじまりました。『明日の神話』も太陽の塔も、けっして過去の遺物ではありません。いまを生きる私たちに働きかけ、刺激し、問題をつきつけてきます。太郎が時空を超えて挑んでくるのでしょう。岡本太郎は断じて過去の偉人などではありません。私たちと現在をともに生きる存在です。

そんな太郎の人生を、みなさんはどう思いましたか？

「すごい！　カッコいい！　だけど、ぼくにはとてもまねできない。ぜったいに無理。だって、ぼくは太郎のように強くないもん……。」

きっとそう思ったことでしょう。だれだってそう思います。でも太郎だって生まれたときから「岡本太郎」だったわけじゃない。決意して、かくごして、腹をくくって岡本太郎に・な・っ・たのです。

「まわりの目なんか気にするな。己れを信じ、己れをつらぬき、己れをつき出せばいいんだ。」

そんな太郎の言葉を聞くと、スーパーマンになれと言われているような気がするかもしれません。でもそれはまったくの誤解です。

太郎が言っているのはぜんぜん難しいことじゃありません。

「キミはキミのままでいい。弱いなら弱いまま、誇らかに生きてみろよ。」

太郎は自分自身、人生を賭けてそれをやりとおしました。

どんなにがんばったところで、ぼくは、ぼく以外にはなりようがないし、ぼくのまま生きるしかありません。自分を責めたりなげいたりしてもしかたがない。ぼくなりの〝生き方のスジ〟をつらぬくしかない。キミだっておなじです。そうでしょう?

「人間、だれでも、生きている以上はつらぬくべきスジがある。」

岡本太郎はそう言いました。次はキミの番です。

# 資料

# 岡本太郎

# 太郎をとりまく人びと

太郎の人生に影響をあたえた人や、
同じ時代を生きた芸術家を紹介します。

## マルセル・モース

一八七二年～一九五〇年

フランスの社会学者・民族学者。科学的なアプローチから社会学と人類学を合わせ、近代的な民族学の基礎を築いた。研究対象は未開社会で、関心の対象は社会、経済、生活、宗教、身体におよんだ。一九二五年に出版された『贈与論』はのちの民族学に大きな影響をあたえた。パリ大学で学んでいた太郎は二十七歳のときに民族学科に移籍、教授として教鞭を取っていたモースの弟子になり、民族学研究にうちこむ。講義が行われていたのは校舎ではなく「人類博物館（ミュゼ・ド・ロム）」という博物館だった。芸術に師匠をもたない太郎の、唯一の師で、その教えは太郎の芸術思想の根幹になっている。

## ジョルジュ・バタイユ

一八七二年～一九五〇年

フランスの哲学者・思想家。一九三六年冬、岡本太郎は、友人にさそわれて参加した政治集会で、ぐうぜんバタイユの演説を聞く。深く共感した太郎は、バタイユとの親交を深め、ついには彼が主宰していた秘密結社「アセファル」のメンバーになる。新月の夜、メンバーは、サンジェルマンの森に集まって、秘密の儀式をとり行ったが、全員が固く口を閉ざしているため、どんな儀式だったのか内容はわからない。

バタイユの思想に生々しくふれた体験は、太郎に大きな影響をあたえた。

## パブロ・ピカソ

一八八一年〜一九七三年

二十世紀を代表する芸術家。スペインに生まれ、フランスで活躍した。

人類博物館の前身、トロカデロ民族学博物館で、アフリカ原始美術と出会ったことがきっかけになり、二十世紀美術最大の変革といわれる「キュビズム」を生み出した。

一九三七年のパリ万博スペイン館に超大作《ゲルニカ》を出品。世界に衝撃をあたえる。パリ時代に大きな刺激を受けた太郎は、戦後、ピカソを南仏のアトリエに訪ね、芸術論をたたかわせている。

## 丹下建三

一九一三年〜二〇〇五年

大阪府に生まれる。戦後日本を代表する建築家。「世界のタンゲ」と呼ばれ、国内はもとより、国際的に活躍した。東京大学教授としても、すぐれた門下生を数多く社会に送り出している。

初期の代表作『旧東京都庁舎』（一九五六）を、最初にして、『代々木オリンピック競技場』（一九六四）、『大阪万博シンボルゾーン』（一九七〇）を、岡本太郎と共同制作した。

また、『新東京都庁舎』（一九九一）も、丹下の作品である。建築と芸術の関係を考えつづけた建築家でもあった。

代々木オリンピック競技場

資料

# 太郎をもっと知ろう

## 太郎に会える場所

芸術は民衆のものと考えた、太郎のパブリックアート作品は、駅や公園などさまざまな場所で見ることができます。みなさんの家の近くにもあるかもしれませんよ。

『若い時計台』(1966年)
東京銀座・数寄屋橋公園。

『こどもの樹』(1985年)
東京都渋谷区青山にある2015年に閉館した「こどもの城」前の広場。喜怒哀楽を見せるむじゃきな顔は、世界中のこどもたちである。

『母の塔』(1999年)
川崎市岡本太郎美術館に建っている。母・かの子の文学碑「誇り」の方向を向いている。

銀座
渋谷
川崎

▲『明日の神話』（1969 年）

東京・渋谷駅の連絡通路。

『太陽の塔』は万博終了後、外観だけしか見られませんでしたが、二〇一八年に内部の『生命の樹』が復元され、再び公開が始まりました。

▲『太陽の塔』（1970 年）

大阪府吹田市・万博記念公園。

▼『若い太陽の塔』（1969 年）

愛知県犬山市・日本モンキーパーク。

犬山●

吹田●

## 身近な芸術・太郎

太郎は、絵や壁画のように大きくてひとつしかない作品だけではなく、多くの人が手に入れられる作品も、たくさんつくりました。芸術は民衆のもの。みんなのもの。生活のなかにあるもの。それが、太郎の考えだったからです。

▲『顔のグラス』(1976年)

ウイスキーのキャンペーン用につくられた。

▲鯉のぼり (1980年)

みんな自分自身が空中に飛翔しているような思いで、鯉のぼりをあげるといいと、太郎は喜んでいた。

▲『駄々っ子』(1969年)

二人がけの真っ赤な椅子。

## 太郎の文字

「字は絵だろ。」と言った太郎。まるで生きて遊んでいるかのような文字は、ポスターや看板などにも使われました。

▲『殺すな』(1967年)

日本の反戦運動グループがアメリカの新聞に載せた意見広告のための文字。

▲『男女』(1981年)

女性が男性をささえている。

## 制作中の太郎

ときには、上半身はだかになって、作品づくりにうちこみます。真剣なまなざしは、太郎の芸術に対する姿勢そのものです。

▲『森の掟』を制作中（1950 年）

▲『誇り』を制作中（1962 年）

大きな作品なので、足場を組んで作業を行っている。

▲ガラス板に描く太郎 （1957 年）

ガラス板の上にのって描いているようすを、その下から撮影している。

## 素顔の太郎

こどものころには、絵描きになろうか、文学をやるか、音楽か、と悩んだくらい、音楽も好きでした。大人になって始めたスキーにも夢中。好奇心がいっぱいで、あらゆることに挑みます。

いつだって全力でとりかかる太郎の、いろいろな姿を見てみましょう。

▲スキーを楽しむ

▲太郎そっくりの人形と太郎（1975年）

東京・晴海で行われた店舗システムショーに展示された。

▲東北で取材中。

▲野球も大好きだった。

▲ピアノも得意。

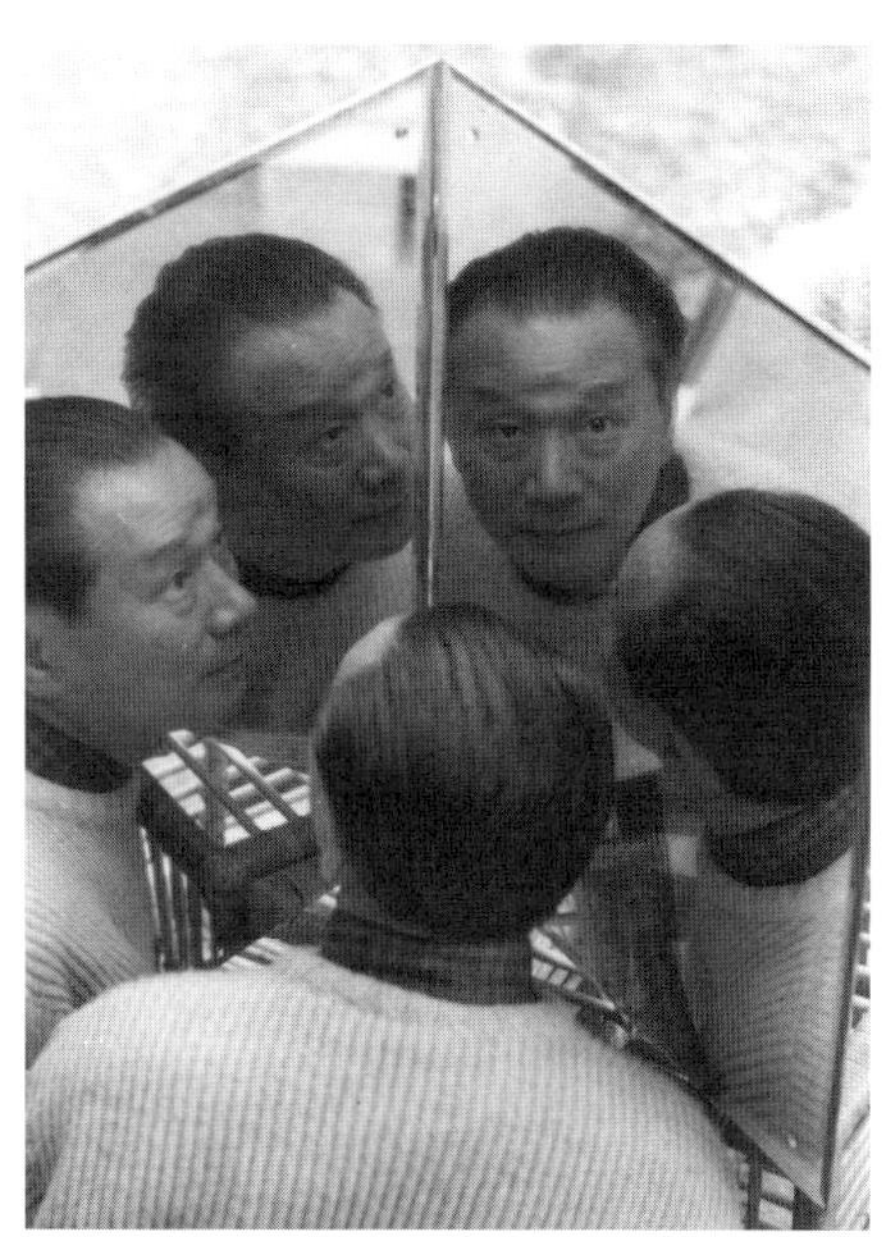

▲合わせ鏡で遊ぶ。

◀青森・小牧温泉の「かっぱ祭り」で。

# 太郎の人生と、生きた時代

太郎の人生におきた出来事を見ていきましょう。
どんな時代、どんな社会を生きたのでしょうか。

| 時代 | 西暦 | 年齢 | 太郎の出来事 | 世の中の出来事 |
| --- | --- | --- | --- | --- |
| 明治 | 一九一一 | 0歳 | 二月二十六日 一平・かの子の長男として生まれる | 日米通商航海条約調印 |
| 大正 | 一九一七 | 六歳 | 青南小学校に入学するが一学期で退学。私塾・日新学校、十思小学校と転校をくり返す | ロシア革命が起こる |
| 昭和 | 一九二九 | 十八歳 | 東京美術学校に入学<br>半年後に中退して、十二月、父母の渡欧に同行 | 世界大恐慌 |
| | 一九三〇 | 十九歳 | 両親と別れ、一人でパリで暮らし始める | |
| | 一九三二 | 二十歳 | 三月、パリのリセで学ぶ | 満州事変が起こる |
| | 一九三三 | 二十二歳 | アブストラクシオン・クレアシオン（抽象・創造）協会に最年少で参加 | 日本が国際連盟を脱退 |
| | 一九三六 | 二十五歳 | 十月、『傷ましき腕』を発表<br>アブストラクシオン・クレアシオン協会を脱会 | 二・二六事件が起こる |

## 昭和

| 年 | 年齢 | できごと | 社会のできごと |
|---|---|---|---|
| 一九三七 | 二十六歳 | パリ第四大学で、民俗学を学ぶ | 日中戦争勃発 |
| 一九四〇 | 二十九歳 | 六月、マルセイユからの最後の帰国船・白山丸にて帰国する | 日独伊三国同盟締結 |
| 一九四二 | 三十一歳 | 中国戦線に出征 | |
| 一九四六 | 三十五歳 | 六月、中国から帰国<br>十一月ごろ、世田谷・上野毛にアトリエをかまえる | 日本国憲法が公布される |
| 一九四九 | 三十八歳 | 九月『重工業』を発表 | |
| 一九五一 | 四十歳 | 東京国立博物館で、縄文土器を見て衝撃を受ける | サンフランシスコ講和条約、安保条約調印 |
| 一九五二 | 四十一歳 | 四月、『創生』、『顔』を制作 | 主権回復 |
| 一九五四 | 四十三歳 | 八月、光文社より『今日の芸術―時代を創造するものは誰か』を刊行。 | ビキニで水爆実験、第五福竜丸が被曝する |
| 一九五八 | 四十七歳 | 九月、新潮社より『日本再発見―芸術風土記』を刊行 | |
| 一九六二 | 五十一歳 | 十一月、川崎市に、岡本かの子文学碑『誇り』を制作 | |

| 時代 | 西暦 | 年齢 | 太郎の出来事 | 世の中の出来事 |
| --- | --- | --- | --- | --- |
| 昭和 | 一九六四 | 五十三歳 | 『競う』など八面の陶版レリーフを制作<br>八月、東京オリンピック参加記念メダルを制作 | オリンピック東京大会開催 |
| | 一九六五 | 五十四歳 | 十月、名古屋・久国寺に、梵鐘『歓喜』を制作 | |
| | 一九六六 | 五十五歳 | 十二月、銀座・数寄屋橋公園に『若い時計台』を制作 | |
| | 一九六七 | 五十六歳 | 七月、日本万国博覧会の展示プロデューサーに就任<br>八月、メキシコでホテルの壁画制作を依頼される | |
| | 一九六九 | 五十八歳 | 九月、メキシコにて『明日の神話』完成 | 人類初の月面着陸 |
| | 一九七〇 | 五十九歳 | 三月、万国博シンボルゾーンに『太陽の塔』『母の塔』『青春の塔』をふくむテーマ館が完成 | 日本万国博覧会開催 |
| | 一九七二 | 六十一歳 | ミュンヘンオリンピック・公式メダルを制作 | 冬季オリンピック札幌大会開催<br>沖縄諸島が日本に復帰 |
| | 一九七三 | 六十二歳 | 飛行船に絵を描く | オイルショックが起こる |
| | 一九七五 | 六十四歳 | 『太陽の塔』の永久保存が決定される | |
| | 一九七六 | 六十五歳 | 三月、『顔のグラス』を制作 | |
| | 一九七九 | 六十八歳 | 『岡本太郎著作集』(全九巻・講談社)、作品集『岡本太郎』(平凡社)を刊行 | |

| 年号 | 西暦 | 年齢 | できごと | 世の中のできごと |
|---|---|---|---|---|
| 昭和 | 一九八一 | 七十歳 | コマーシャルに出演。「芸術は爆発だ！」が流行語に | |
| | 一九八五 | 七十五歳 | 十一月、青山こどもの城に、シンボル『こどもの樹』制作 | |
| 平成 | 一九九一 | 八十歳 | 十二月、川崎市に主要作品を寄贈。翌年、美術館の建設計画が発表される | |
| | 一九九六 | 八十四歳 | 一月七日、急性呼吸不全にて死去 | |
| | 一九九八 | | 五月、東京・南青山に岡本太郎記念館が開館 | 冬季オリンピック長野大会開催 |
| | 一九九九 | | 十月、川崎・生田緑地に、川崎市岡本太郎美術館が開館 | |
| | 二〇〇三 | | 岡本敏子が、メキシコシティにて行方不明になっていた『明日への神話』を確認 | イラク戦争が起きる |
| | 二〇〇五 | | 四月、岡本敏子死去。五月『明日への神話』到着 | |
| | 二〇〇八 | | 十一月、『明日への神話』渋谷駅通路に設置 | |
| | 二〇一八 | | 大阪・万博記念公園にて『太陽の塔』内部公開開始 | |

# 美術館・記念館へ行こう

太郎のゆかりの地にある記念館や美術館で、たくさんの作品を見ることが出来ます。

## 岡本太郎記念館

太郎が作品を制作していたアトリエが残されています。

〒107-0062　東京都港区南青山6-1-19

TE：03-3406-0861　FAX：03-3409-5404

http://www.taro-okamoto.or.jp

開館時間：10:00 ～ 18:00（最終入館 17:30）

休館日：火曜日 ( 祝日の場合は開館 )、

年末年始 (12/28 ～ 1/4) および保守点検日

## 川崎市岡本太郎美術館

生前に太郎が寄贈した作品が、展示されています。

〒214-0032　神奈川県川崎市多摩区枡形7丁目1－5

TEL：044-900-9898　FAX：044-900-9966

http://www.taromuseum.jp

開館時間：9:30 ～ 17:00（入館は 16:30 まで）

休館日：月曜日（祝日の場合は開館）祝日の翌日

年末年始、他に臨時休館日あり

## 資料提供・協力


公益財団法人 岡本太郎記念現代芸術振興財団／岡本太郎記念館

川崎市岡本太郎美術館

株式会社 現代芸術研究所

大阪府日本万国博覧会記念公園事務所


## 参考資料


『今日の芸術―時代を創造するものは誰か』（岡本太郎・光文社）

『日本の伝統』（岡本太郎・光文社）

『沖縄文化論―忘れられた日本』（岡本太郎・中央公論新社）

『日本再発見―芸術風土記』角川ソフィア文庫（岡本太郎・角川書店）

『神秘日本』角川ソフィア文庫（岡本太郎・角川書店）

『青春ピカソ』（岡本太郎・新潮社）

『美の呪力』（岡本太郎・新潮社）

『美の世界旅行』（岡本太郎・新潮社）

『芸術は爆発だ！　岡本太郎痛快語録』（岡本敏子・小学館）

『岡本藝術』（平野暁臣・小学館）

『大阪万博―20 世紀が夢見た 21 世紀』（平野暁臣・小学館）

『岡本太郎の沖縄』（平野暁臣・小学館）

『岡本太郎の東北』（平野暁臣・小学館）

『太陽の塔』（平野暁臣・小学館）

『太陽の塔ガイド』（平野暁臣・小学館）

『「太陽の塔」新発見！』青春インテリジェンス（平野暁臣・青春出版社）

**作者**

**平野暁臣（ひらの　あきおみ）**

空間メディアプロデューサー／岡本太郎記念館館長。岡本太郎が創設した現代芸術研究所を主宰し、多彩なプロデュース活動を行う。岡本太郎関連では「明日の神話再生プロジェクト」「生誕百年事業」「太陽の塔再生プロジェクト」などを率いる。近著に『岡本藝術』『大阪万博―20世紀が夢見た21世紀』（ともに小学館）『太陽の塔―岡本太郎と7人の男たち』（青春出版社）など。

**企画・編集**

**野上　暁（のがみ　あきら）**

日本ペンクラブ常務理事、「子どもの本」委員長、東京純心大学こども文化学科客員教授。

編集協力　奥山修
装丁　白水あかね

伝記を読もう　11

---

岡本太郎
芸術という生き方

---

2018年3月　初　版
2025年4月　第6刷

作　者　平野暁臣

発行者　岡本光晴
発行所　株式会社 あかね書房
〒101-0065　東京都千代田区西神田 3-2-1
電話　03-3263-0641（営業）　03-3263-0644（編集）
https://www.akaneshobo.co.jp
印刷所　TOPPANクロレ 株式会社
製本所　株式会社 難波製本

NDC289　151p　22cm　ISBN 978-4-251-04611-6

# 伝記を読もう

人生っておもしろい！
さまざまな分野で活躍した人たちの、
生き方、夢、努力 …… 知ってる？

❶ **坂本龍馬**
世界を夢見た幕末のヒーロー

❷ **豊田喜一郎**
自動車づくりにかけた情熱

❸ **やなせたかし**
愛と勇気を子どもたちに

❹ **伊能忠敬**
歩いて作った初めての日本地図

❺ **田中正造**
日本初の公害問題に立ち向かう

❻ **植村直己**
極限に挑んだ冒険家

❼ **荻野吟子**
日本で初めての女性医師

❽ **まど・みちお**
みんなが歌った童謡の作者

❾ **葛飾北斎**
世界を驚かせた浮世絵師

❿ **いわさきちひろ**
子どもの幸せと平和を絵にこめて

⓫ **岡本太郎**
芸術という生き方

⓬ **松尾芭蕉**
俳句の世界をひらく

⓭ **石井桃子**
子どもたちに本を読む喜びを

⓮ **円谷英二**
怪獣やヒーローを生んだ映画監督

⓯ **平賀源内**
江戸の天才アイデアマン

⓰ **椋　鳩十**
生きるすばらしさを動物物語に

⓱ **ジョン万次郎**
海をわたった開国の風雲児

⓲ **南方熊楠**
森羅万象の探究者

⓳ **手塚治虫**
まんがとアニメでガラスの地球を救え

⓴ **渋沢栄一**
近代日本の経済を築いた情熱の人

㉑ **津田梅子**
日本の女性に教育で夢と自信を

㉒ **北里柴三郎**
伝染病とたたかった不屈の細菌学者

㉓ **前島　密**
郵便で日本の人びとをつなぐ

㉔ **かこさとし**
遊びと絵本で子どもの未来を

㉕ **阿波根昌鴻**
土地と命を守り沖縄から平和を

㉖ **福沢諭吉**
自由と平等を教えた思想家

㉗ **新美南吉**
愛と悲しみをえがいた童話作家

㉘ **中村　哲**
命の水で砂漠を緑にかえた医師

㉙ **牧野富太郎**
植物研究ひとすじに

㉚ **丸木　俊**
「原爆の図」を描き世界に戦争を伝える